ALÉM DO AUTISMO

Coordenação editorial:
Glauce Perez

ALÉM DO AUTISMO

Como famílias e professores podem transformar a educação inclusiva através da **Reprogramação Parental**

Literare Books
INTERNATIONAL
BRASIL · EUROPA · USA · JAPÃO

PRESIDENTE DO CONSELHO
Maurício Sita

PRESIDENTE
Alessandra Ksenhuck

VICE-PRESIDENTES
Cláudia Pires e Julyana Rosa

DIRETORA DE PROJETOS
Gleide Santos

CONSULTORA DE PROJETOS
Daiane Almeida

EDITOR
Anselmo Vasconcelos

ASSISTENTE EDITORIAL
Emerson Xavier

REVISORES
Giovana Mattoso e Paulo Cezar Mello

CAPA
Candido Ferreira Jr.

DESIGN EDITORIAL E DIAGRAMAÇÃO
Ana Paula Nunes Medeiros

IMPRESSÃO
Printi

Dados Internacionais de Catalogação na Publicação (CIP)
(Câmara Brasileira do Livro, SP, Brasil)

Além do autismo : como famílias e professores podem transformar a educação inclusiva através da reprogramação parental / coordenação Glauce Baptista Perez. -- 1. ed. -- São Paulo : Literare Books International, 2025.

Vários autores.
Bibliografia.
ISBN 978-85-9455-377-5

1. Crianças autistas - Desenvolvimento 2. Crianças autistas - Educação 3. Crianças autistas - Relações familiares 4. Neurodiversidade 5. TEA (Transtorno do Espectro Autista) - Diagnóstico 6. TEA (Transtorno do Espectro Autista) - Tratamento I. Perez, Glauce Baptista.

25-257746 CDD-616.85882

Índices para catálogo sistemático:

1. TEA : Transtorno do Espectro Autista : Neurodiversidade 616.85882

Aline Graziele Benitez - Bibliotecária - CRB-1/3129

LITERARE BOOKS INTERNATIONAL LTDA.
Alameda dos Guatás, 102
Vila da Saúde – São Paulo, SP. CEP 04053-040
+55 11 2659-0968 | www.literarebooks.com.br
contato@literarebooks.com.br

FSC www.fsc.org
MISTO
Papel | Apoiando o manejo florestal responsável
FSC® C196274

AGRADECIMENTO 1

Aos coautores, meu profundo agradecimento

Escrever este livro foi uma jornada transformadora, mas nada disso seria possível sem vocês. Cada um trouxe não apenas seu conhecimento técnico, mas também sua paixão, experiência e compromisso com a inclusão e a reprogramação parental. Este livro carrega a essência de um propósito maior: impactar vidas e promover uma mudança real na forma como enxergamos o autismo e a parentalidade.

A cada página, a cada capítulo, sinto o peso da dedicação e do amor que colocaram em suas palavras. Vocês foram além de coautores, foram agentes de transformação. Obrigada por compartilharem suas vivências, pesquisas e corações, tornando esta obra um verdadeiro farol para tantas famílias e profissionais que buscam compreensão e acolhimento.

Com carinho e admiração, agradeço a cada um de vocês:

Ana Caroline Marques, Ana Paula Chiapetti, Bia Lage, Cláudia Linhares Lucas Ferreira, Cynthia Cristina Rodrigues Pereira, Helen Conceição de Jesus, Janaíse Bernardi Trentin, Juliana Fernandes Araujo Rocha, Keila Chicralla, Kenia Bianor, Lauren Pinto Coelho, Letícia Cardoso Silva Nogueira, Mayara Carneiro e Souza, Michelle Casali, Mônica Vetsch Lichote de Lima, Natália Andrade de Camargo Rocha, Nilberto Gonçalves, Priscila Boy, Raquel Dias da Silva de Souza, Soliânea Farias de Mesquita da Cruz, Tânia Regina da Costa, Tatiana Carnaval, Thatiana Pereira e Ulânova Xavier Coelho.

Ao Dr. Thiago Castro, meu mestre e uma referência incontestável no campo do autismo no Brasil. Sua dedicação incansável transforma conhecimento em impacto real na vida de tantas famílias e profissionais.

Ter você como parte deste livro, com um prefácio tão potente, é uma honra imensa. Sua influência na minha trajetória é inegável, e minha gratidão por tudo o que aprendi com você seguirá sempre comigo.

Cada nome aqui representa um pedaço essencial deste livro e do impacto que ele terá no mundo. Meu coração transborda gratidão por cada contribuição.

Com todo o meu respeito e carinho,

Glauce Perez

AGRADECIMENTO 2

Agradecimento especial

A Deus, minha eterna gratidão, pois sem Ele nada seria possível. Em cada passo dessa caminhada, senti Sua presença guiando, fortalecendo e abrindo caminhos onde antes só havia incertezas.

A minha mãe, Joana, por tudo que representa para mim e pelo seu papel na minha trajetória. E a meu pai, Murilo (*in memoriam*), minha maior referência de amor e acolhimento.

Ao meu marido, Eduardo, meu companheiro de todas as horas, que esteve ao meu lado nos momentos de conquista e também nos desafios. Seu apoio inabalável e seu amor me deram forças para seguir em frente quando eu mais precisei. Você é meu porto seguro, meu parceiro de vida, e sou imensamente grata por compartilhar essa jornada com você.

E a meus filhos, Lorenzzo, Maite e Valentina, minha maior inspiração, meu amor infinito. Vocês me ensinam, todos os dias, o verdadeiro significado do amor, da entrega e da esperança. São a razão pela qual minha luta por um mundo mais acolhedor e inclusivo nunca cessa. Tudo o que faço é por vocês e para vocês.

Com o coração transbordando gratidão, dedico este livro a cada um de vocês.

Com amor,

Glauce Perez

SUMÁRIO

PREFÁCIO

Existem livros que vêm para ensinar, e outros que vêm para tocar o coração. Este faz ambos. Ele é um convite a refletir, aprender e agir. Um guia que foi escrito não apenas por profissionais dedicados, mas também por pessoas que vivem a realidade do autismo diariamente, seja como pais, cuidadores ou educadores.

Como pai de duas crianças autistas, Noah e Matteo, conheço de perto os altos e baixos dessa jornada. Passei por períodos de medo, noites sem sono, crises de isolamento e desafios com a seletividade alimentar e sensorial. Mas também experimentei a alegria indescritível de pequenas conquistas: a primeira vez que o Noah brincou com outra criança, o dia em que Matteo conseguiu se comunicar com mais clareza. São esses momentos que transformam a nossa caminhada e que me ensinaram a importância de nunca desistir.

Na prática clínica, testemunhei o impacto do diagnóstico precoce e das terapias certas. Sei que a parceria entre escola e família, assim como a aplicação de estratégias baseadas em evidências, pode mudar o futuro de uma criança. Por isso, este livro aborda temas cruciais, como a reprogramação parental, que nos desafia a abandonar crenças rígidas e a olhar o desenvolvimento infantil com mais empatia e acolhimento.

Os capítulos deste livro abordam temas variados, mas convergem em um ponto central: o respeito às necessidades únicas de cada criança. Desde a introdução à reprogramação parental, que nos ensina a desaprender crenças limitantes, até a compreensão de comportamentos desafiadores, o livro nos convida a refletir sobre o que esses comportamentos comunicam e a importância de estratégias adequadas.

A comunicação, em suas várias formas, também recebe destaque, reforçando o papel dos pais e educadores em oferecer ferramentas que ampliem as possibilidades expressivas das crianças.

Além disso, o brincar é apresentado como uma poderosa ferramenta de aprendizado social e emocional, enquanto temas como nutrição, motricidade fina e música revelam caminhos adicionais para o desenvolvimento infantil.

A mensagem central deste livro é clara: a verdadeira inclusão começa em casa, com o acolhimento familiar, e se fortalece por meio de uma rede de apoio que inclui escola, profissionais e, acima de tudo, amor. Que estas páginas sejam uma fonte de inspiração e esperança, mostrando que, mesmo diante dos desafios, cada pequena conquista é uma vitória que merece ser celebrada.

Desejo que cada reflexão aqui apresentada ilumine novos caminhos, renove suas forças e fortaleça sua determinação. Lembre-se de que cada esforço, cada ato de amor e dedicação, constrói um futuro mais inclusivo e cheio de possibilidades. A caminhada pode ser difícil, mas também é repleta de momentos únicos de aprendizado, superação e crescimento.

Com toda a minha admiração e respeito por você, que luta e acredita todos os dias.

Dr. Thiago Castro

INTRODUÇÃO

O autismo é um universo vasto e multifacetado, repleto de desafios e oportunidades. Para as famílias e os profissionais que convivem com pessoas dentro do espectro, cada dia traz aprendizados, descobertas e, muitas vezes, incertezas. No entanto, uma certeza prevalece: a necessidade de um olhar sensível, estratégias personalizadas e, sobretudo, um ambiente de acolhimento e respeito.

Este livro nasceu da necessidade de oferecer não apenas conhecimento técnico, mas também uma abordagem humanizada e acessível sobre o transtorno do espectro autista (TEA). Em meio a tantas informações desencontradas, percebi que a parentalidade e a educação inclusiva precisavam ser discutidas sob uma nova perspectiva – uma que priorizasse o afeto, a empatia e o respeito ao desenvolvimento único de cada indivíduo.

A reprogramação parental, conceito central desta obra, não trata apenas de técnicas ou métodos. É uma mudança de mentalidade, uma nova forma de enxergar a relação entre pais, filhos e educadores. Pesquisas e experiências práticas mostram que o caminho mais eficaz está na construção de relações saudáveis, baseadas na confiança, na segurança e na validação emocional.

Ao longo dos capítulos, os coautores deste livro trazem contribuições valiosas sobre diferentes aspectos do desenvolvimento, educação e acolhimento de crianças autistas. Cada profissional compartilha sua expertise, trazendo um mosaico de informações que se complementam para proporcionar uma visão ampla sobre o tema.

Vamos além dos conceitos teóricos e mergulhamos nas práticas do dia a dia: como lidar com os desafios comportamentais de forma respeitosa, como criar um ambiente seguro para a aprendizagem, quais estratégias podem ser utilizadas para desenvolver habilidades sociais, comunicação e independência, entre tantos outros tópicos essenciais para famílias, professores e terapeutas.

O que torna este livro especial não é apenas o embasamento teórico sólido, mas a conexão com a realidade das famílias e dos profissionais que atuam diretamente com crianças autistas. Aqui, não há receitas prontas nem soluções mágicas, mas há um caminho a ser trilhado com respeito e conhecimento.

Os desafios da inclusão escolar, por exemplo, são abordados com profundidade, discutindo as dificuldades enfrentadas pelas escolas e famílias na elaboração e execução do PEI. Também exploramos como a comunicação não violenta e a empatia podem ser poderosas aliadas na mediação de conflitos e na construção de uma relação saudável entre pais, professores e alunos.

A reprogramação parental entra nesse cenário como um convite à reflexão e à transformação. Mudar a forma de educar e interagir com as crianças exige esforço e, muitas vezes, desconstrução de crenças arraigadas. No entanto, é um processo libertador. Quando pais e educadores compreendem que a criança não é "difícil" ou "teimosa", mas sim um ser humano em formação que precisa de suporte adequado, as dinâmicas familiar e escolar se transformam.

Outro aspecto fundamental abordado ao longo dos capítulos é a importância do autocuidado dos pais e cuidadores. O impacto emocional de criar uma criança atípica é real e significativo, e muitas famílias se sentem sozinhas e sobrecarregadas. Precisamos falar sobre a exaustão parental, sobre a necessidade de rede de apoio e sobre como encontrar equilíbrio entre cuidar do outro e cuidar de si mesmo.

Este livro não é apenas um guia, mas um companheiro para aqueles que buscam compreensão, acolhimento e estratégias práticas para melhorar a qualidade de vida de suas crianças e de suas próprias jornadas. Ao chegar ao final destas páginas, meu desejo é que cada leitor sinta-se mais preparado, mais fortalecido e, acima de tudo, mais esperançoso.

Porque, mais do que métodos e técnicas, o que realmente transforma vidas é o amor aliado ao conhecimento.

Seja bem-vindo(a) a esta jornada!

Glauce Perez

CAPÍTULO 01

O que é reprogramação parental?

A importância da abordagem afetuosa e empática na educação

A reprogramação parental propõe uma mudança na maneira como educamos, substituindo métodos rígidos por abordagens mais empáticas e acolhedoras, especialmente para crianças autistas. O capítulo explora a desconstrução de crenças, a personalização da educação e a importância da flexibilidade. Ao integrar a colaboração entre escola e família, pais e educadores criam um ambiente inclusivo, promovendo o desenvolvimento integral da criança e o bem-estar emocional.

Glauce Perez

GLAUCE PEREZ

Terapeuta com mais de 22 anos de experiência, iniciou sua carreira como professora da educação infantil. Ao longo dos anos, especializou-se no atendimento a bebês, crianças e adolescentes com autismo, transtorno do déficit de atenção com hiperatividade (TDAH), síndromes e outras condições. Atualmente, é diretora clínica do Centro Ocupacional Integrar, no Rio de Janeiro. Sua formação inclui pós-graduações em autismo infantil, intervenção ABA, acupuntura, inteligência parental e neuropsicopedagogia. Também tem certificação em Integração Sensorial pela University of Southern California, cursos em seletividade alimentar, desfralde, PediaSuit, *kinesio taping*, gameterapia, entre outros.

Contatos: glauceperez@gmail.com
contato@integrarrj.com.br
Instagram: @glauceperez.21
@integrar.to.rj

O que é (re)programação parental?

A reprogramação parental surge como uma resposta à necessidade de repensar a maneira como educamos e cuidamos de nossas crianças, especialmente as que estão no espectro autista. Durante gerações, muitos de nós fomos condicionados a acreditar que educar significa obediência incondicional. Contudo, a reprogramação propõe uma mudança radical nessa mentalidade, priorizando o afeto, a empatia e a compreensão emocional.

De acordo com Jane Nelsen, autora de *Disciplina positiva* (2007), as crianças "se comportam melhor quando se sentem conectadas". Frequentemente, elas se comunicam por meio de comportamentos, e não apenas pela linguagem verbal. A reprogramação nos convida a abandonar padrões rígidos que perpetuamos ao longo das gerações e nos abre para uma abordagem mais compassiva, que entende o comportamento da criança como uma forma de expressão e não de desafio.

Por que a abordagem afetuosa e empática é fundamental?

Essa abordagem coloca as necessidades emocionais da criança no centro do processo educativo. Isso significa que, antes de qualquer correção de comportamento ou ensino de habilidades acadêmicas, a prioridade é criar um ambiente em que a criança se sinta segura, aceita e compreendida. No caso do TEA, o indivíduo tem dificuldades em expressar seus sentimentos verbalmente ou em interpretar as expectativas sociais.

Um ambiente seguro permite que a criança se desenvolva emocionalmente em seu próprio ritmo. Em vez de enfrentar uma pressão constante para se ajustar a padrões preestabelecidos, ela tem a oportunidade de explorar suas capacidades e desafios sem medo de julgamentos ou punições. Isso cria uma base de confiança entre pais e filhos, na qual a criança se sente apoiada para enfrentar as dificuldades com mais resiliência.

Essa abordagem também promove a escuta ativa, uma prática em que os pais ou educadores realmente se conectam ao que a criança está tentando comunicar, seja por palavras, gestos ou comportamentos. Validar seus sentimentos reforça seu bem-estar emocional e ajuda a fortalecer sua autoconfiança.

Reprogramação parental e o papel do afeto no autismo

Uma abordagem afetuosa é essencial para o desenvolvimento da autorregulação emocional, especialmente em crianças no espectro autista, que frequentemente necessitam de mais suporte para reconhecerem e gerenciarem suas emoções. Além disso, essa resposta amorosa dos pais não só promove a autorregulação, mas também fortalece o apego seguro, gerando um vínculo de confiança que permite à criança explorar o mundo com segurança e interagir com outras pessoas de forma mais confortável.

Uma das principais barreiras que encontramos ao adotarmos essa nova abordagem é a desconstrução das crenças profundamente enraizadas sobre a educação. Ross W. Greene, em *O cérebro da criança emocional* (2010), destaca que "crianças fazem bem quando podem". Isso significa que as dificuldades de comportamento são uma manifestação de sobrecarga sensorial, frustrações na comunicação ou desafios emocionais. A partir desse entendimento, precisamos revisar a maneira como enxergamos o desenvolvimento infantil e adaptar nossas expectativas para criarmos um ambiente mais inclusivo e receptivo.

Na prática, isso significa que pais e educadores precisam flexibilizar suas expectativas em relação ao comportamento e ao aprendizado, aceitando que cada criança tem um ritmo e uma forma única de se desenvolver. Em vez de esperar que todas as crianças sigam um caminho predeterminado, somos chamados a entender que a diversidade no desenvolvimento é a norma, não a exceção.

Reaprendendo a educar: personalizando a abordagem

À medida que desconstruímos essas crenças, a reprogramação parental nos leva a reaprender a educar. Isso implica personalizar as abordagens para atender às necessidades emocionais e sensoriais específicas de cada criança. No contexto do autismo, essa personalização se torna vital.

Daniel J. Siegel, em *O cérebro da criança* (2012), enfatiza a importância de criar um ambiente de segurança emocional, no qual as emoções sejam validadas. Isso pode ser alcançado por meio da implementação de rotinas visuais e do uso de ferramentas sensoriais, que ajudam a antecipar as atividades do dia e promovem a regulação emocional. Essas estratégias são úteis tanto em casa quanto na escola, pois ambos os ambientes desempenham papel essencial na criação dessa segurança emocional.

Pais e professores podem usar essas ferramentas para oferecer previsibilidade e reduzir a ansiedade, ajudando a antecipar os acontecimentos do dia. Em momentos de sobrecarga sensorial, é útil disponibilizar "zonas de calma", permitindo que a pessoa se retire e recupere o equilíbrio emocional. Seja no lar ou no ambiente escolar, a comunicação deve ser clara e previsível, facilitando a compreensão e gerando maior senso de controle.

Além disso, conforme Jane Nelsen sugere, oferecer opções fortalece a autoestima e a sensação de autonomia. Essa prática pode ser implementada tanto na educação formal quanto nas interações familiares, promovendo confiança e independência em ambos os contextos.

Transformando o ambiente escolar: colaboração e inclusão

A educação inclusiva só é efetiva quando há uma parceria sólida entre escola e família. Marshall Rosenberg, em *Comunicação não-violenta* (2006), destaca que a empatia é o entendimento respeitoso do que o outro está vivenciando. Para que essa empatia seja aplicada de forma concreta no processo educativo, é essencial que pais e professores colaborem estreitamente, trocando informações e desenvolvendo estratégias personalizadas que atendam às necessidades de cada aluno. Quando essa colaboração é bem-sucedida, o ambiente escolar e o familiar se complementam, oferecendo não apenas suporte ao aprendizado, mas também acolhendo as diferenças individuais de forma construtiva. No contexto do autismo, essa parceria pode envolver a criação de planos educacionais individualizados (PEI) que considerem as necessidades sensoriais e emocionais dos estudantes, assim como atividades que promovam a aceitação e a empatia entre todos os envolvidos.

Tanto pais quanto professores podem trabalhar juntos para criar atividades que incentivem a colaboração entre os alunos, destacando o valor das diferenças individuais. No ambiente educacional, por exemplo, os docentes podem utilizar histórias sociais a fim de preparar os alunos para interações sociais, ajudando a desenvolver um ambiente em que se sintam mais seguros e incluídos. Enquanto isso, no contexto familiar, os responsáveis podem reforçar essa colaboração participando ativamente das reuniões escolares, compartilhando percepções e contribuições que ajudem a ajustar as práticas pedagógicas de forma mais eficaz e personalizada.

Essa comunicação contínua e aberta entre pais e educadores é essencial para criar um espaço verdadeiramente inclusivo, onde cada aluno seja compreendido e apoiado em sua jornada de aprendizado.

A resiliência dos pais e dos educadores

A reprogramação parental não se limita à transformação dos filhos, mas também implica uma mudança significativa nas práticas e nas atitudes dos adultos. Tanto pais quanto educadores precisam desenvolver resiliência, já que lidar com os desafios associados ao transtorno pode ser emocionalmente exaustivo. Conforme argumenta Daniel Siegel, a integração emocional dos responsáveis é essencial para garantir um desenvolvimento saudável em seus filhos.

É fundamental que pais e professores cuidem de seu próprio bem-estar, para que possam oferecer suporte eficaz. Isso inclui práticas de autocuidado, como pausas conscientes, momentos de reflexão e busca de apoio mútuo. Segundo Siegel, quando os adultos estão emocionalmente equilibrados, eles mantêm uma atitude mais empática e aberta, mesmo diante de comportamentos desafiadores. Quando a regulação emocional não é priorizada, os adultos podem reagir impulsivamente, o que tende a intensificar o estresse na relação com os filhos.

Flexibilidade como ferramenta para a inclusão

A flexibilidade é fundamental para a educação inclusiva, pois permite que pais e educadores ajustem suas abordagens de acordo com as respostas dos alunos. Em vez de seguir regras rígidas, é essencial que as estratégias pedagógicas sejam adaptadas continuamente, reconhecendo que o progresso nem sempre ocorre de forma linear. Como destaca Ross W. Greene, "crianças fazem bem quando podem", o que significa que as práticas devem ser ajustadas para atenderem às necessidades individuais.

No ambiente escolar, essa flexibilidade se traduz na disposição dos professores em modificar suas abordagens quando uma estratégia não está surtindo o efeito desejado. Por exemplo, se um aluno demonstra sinais de sobrecarga, o professor pode oferecer uma pausa ou sugerir uma atividade mais tranquila, que ajude a restaurar o equilíbrio emocional do estudante.

Em casa, essa adaptabilidade é igualmente importante. Os pais podem criar uma rotina que permita ajustes conforme as demandas do dia. Caso uma atividade planejada se torne desafiadora, podem reorganizar o ambiente ou propor alternativas que tornem a experiência mais acessível e confortável, respeitando o ritmo e as necessidades da criança.

Aplicação no cotidiano: integração de novas estratégias

A verdadeira transformação parental vai além do ambiente escolar ou de momentos de crise, sendo necessária sua aplicação no cotidiano, tanto em casa quanto na escola. Esse processo envolve criar oportunidades contínuas para o desenvolvimento de habilidades que necessitam de suporte personalizado para progredir de maneira consistente.

No contexto educacional, professores podem integrar práticas de reforço positivo, reconhecendo e celebrando pequenas conquistas, como o cumprimento de tarefas ou a participação em atividades em grupo. Essas celebrações fortalecem a confiança e promovem comportamentos mais positivos, incentivando o engajamento e o crescimento emocional.

Em casa, os responsáveis podem utilizar ferramentas como quadros de emoções ou diários visuais para ajudar na expressão de sentimentos, especialmente quando a comunicação verbal é desafiadora. Além disso, é fundamental que as conquistas diárias sejam reconhecidas e valorizadas, criando um ambiente de encorajamento e respeito que favoreça o desenvolvimento emocional e cognitivo.

Nos próximos capítulos, exploraremos histórias reais e estratégias adicionais que ilustram como essa transformação impacta a vida dos nossos filhos e alunos, no dia a dia, tanto no ambiente escolar quanto no familiar.

Referências

DUNN, W. *Living sensationally*: understanding your senses. Londres: Jessica Kingsley, 2009. p. 229.

GREENE, R. W. *O cérebro da criança emocional*: como lidar com as emoções para ajudar no comportamento infantil. São Paulo: Artmed, 2010. p. 320.

NELSEN, J. *Disciplina positiva*. São Paulo: Manole, 2007. p. 352.

ROSENBERG, M. B. *Comunicação não-violenta*: técnicas para aprimorar relacionamentos pessoais e profissionais. São Paulo: Ágora, 2006. p. 255.

SIEGEL, D. J. *O cérebro da criança*: 12 estratégias revolucionárias para nutrir a mente em desenvolvimento do seu filho. Rio de Janeiro: Vergara & Riba, 2012. p. 256.

CAPÍTULO 02

Desmistificando os comportamentos desafiadores no autismo

Contribuições da terapia ocupacional, educação parental e identificação de gatilhos

Este capítulo explora os comportamentos desafiadores no autismo, desmistificando suas causas e propondo estratégias baseadas na empatia e no respeito. Destaca o papel crucial da terapia ocupacional na identificação e no manejo de gatilhos desses comportamentos, além da importância da educação parental e da regulação emocional. O texto também discute a desmistificação de crenças comuns no ambiente escolar, estratégias para lidar com crises de *meltdown* e *shutdown*.

Ana Caroline Marques

ANA CAROLINE MARQUES

Terapeuta ocupacional pela Universidade Castelo Branco, RJ, é Educadora Parental com extensão universitária pela Faculdade Brasília (FBr). Pós-graduada em Saúde do Idoso pela Universidade do Estado do Rio de Janeiro (UERJ). Pós-graduanda em Neurociências e Neuropedagogia na Educação e em Transtorno do Espectro Autista (TEA) e Dislexia. Tem certificação internacional em Processamento Sensorial na Vida Cotidiana (Winnie Dunn) e certificação em Integração Sensorial Ayres (ISA). É certificada em Integração Sensorial de Bebês e Crianças (Susanne Smith Roley), em Dificuldades Alimentares e Problemas Sensoriais (Isabelle Beaudry-Bellefeuille), e em Neurociências Aplicadas à ISA.

Contatos: carol.integrarrj@gmail.com
Instagram: @carolinemarques9465
@integrar.to.rj

Quanto mais desafiador o comportamento, maior é a oportunidade de aprendermos com ele. Ao enxergar além das ações, desenvolvemos empatia e paciência, transformando desafios em crescimento para todos.

(Marques, 2024)

Introdução

O transtorno do espectro autista (TEA) é um transtorno do neurodesenvolvimento caracterizado por desafios na comunicação e na interação social e por padrões de comportamento restritivos e repetitivos.

Os comportamentos desafiadores, como agressividade e crises emocionais, frequentemente representam uma preocupação significativa para famílias e educadores, especialmente quando não compreendidos adequadamente.

A compreensão e a empatia são as chaves para transformar desafios em oportunidades de crescimento e desenvolvimento.

Este capítulo tem como objetivo desmistificar esses comportamentos, destacando o papel da terapia ocupacional na identificação de gatilhos, a importância da educação parental baseada em empatia e respeito, e a necessidade de transformar o ambiente escolar para melhor apoiar crianças e adolescentes com TEA e comportamentos desafiadores.

Compreendendo os comportamentos desafiadores e seus gatilhos

Fatores contribuintes

Comportamentos desafiadores em crianças com TEA podem ser desencadeados por uma combinação de fatores, incluindo dificuldades sensoriais, comunicação limitada, fome, cansaço, sono inadequado e frustração.

- O sistema límbico, parte do cérebro responsável pelas respostas emocionais e comportamentais, desempenha papel crucial na forma como as crianças e adolescentes com autismo respondem a situações de raiva e estresse. Quando sobrecarregado, esse sistema pode resultar em comportamentos desafiadores, como explosões emocionais ou retraimento.
- Gatilhos específicos como fome, cansaço, sobrecarga sensorial, mudanças na rotina ou ambientes imprevisíveis podem exacerbar esses comportamentos.
- A regulação emocional é uma área central que requer atenção, pois muitas crianças com TEA lutam para processar e expressar emoções de maneira adaptativa, resultando em crises de comportamento.

> O comportamento desafiador em crianças com autismo deve ser visto como uma forma de comunicação, refletindo a complexidade de suas necessidades sensoriais e emocionais (Matson & Nebel-Schwalm, 2007).

Shutdown e *meltdown*: o que são e como afetam as crianças com TEA

Definições e diferenças

- ***Meltdown***: é uma explosão emocional intensa que ocorre quando a criança se sente sobrecarregada e incapaz de lidar com uma situação. Durante um *meltdown*, a criança pode chorar, gritar, agitar-se ou até mesmo autoagredir-se.
- ***Shutdown***: é uma resposta oposta ao *meltdown*, na qual a criança se retira completamente, tornando-se não reativa ou não responsiva. O *shutdown* ocorre quando a sobrecarga emocional ou sensorial é tão intensa que a criança se desliga como forma de proteção.

Impacto nas crianças não verbais

- Crianças não verbais têm maior probabilidade de experimentar *meltdowns* ou *shutdowns*, pois não conseguem expressar verbalmente o que estão sentindo.

A incapacidade de comunicar o desconforto ou a frustração aumenta a vulnerabilidade a esses episódios.

A utilização de tecnologia assistiva, como dispositivos de comunicação alternativa aumentativa, pode ser essencial para ajudar essas crianças a expressarem suas necessidades e emoções, reduzindo a incidência de crises.

Desmistificando crenças no ambiente escolar

Quebra de mitos

No ambiente escolar, comportamentos desafiadores muitas vezes são erroneamente interpretados como falta de educação ou ausência de limites, quando, na realidade, refletem uma incapacidade de lidar com situações de estresse ou sobrecarga sensorial.

É essencial que os educadores compreendam que esses comportamentos são uma forma de comunicação e uma resposta a estímulos que podem ser controlados ou evitados por meio de intervenções apropriadas.

O papel da terapia ocupacional e estratégias de intervenção

Identificação de gatilhos e regulação emocional

A terapia ocupacional é fundamental para identificar gatilhos e ajudar a criança a desenvolver estratégias de regulação emocional, como técnicas de respiração, uso de recursos sensoriais e a criação de rotinas previsíveis.

Estratégias para crises de *meltdown* e *shutdown*

- Durante crises de *meltdown*, é crucial criar um ambiente seguro e previsível, oferecendo suporte sensorial e espaço para que a criança possa se acalmar sem interrupções.
- Em situações de *shutdown*, que podem ser vistas como uma resposta ao excesso de estímulos, o foco deve estar em reduzir a demanda sensorial e dar à criança o tempo necessário para se recuperar.

Uso de tecnologia assistiva

A tecnologia assistiva, como dispositivos de comunicação alternativa, é uma ferramenta poderosa para ajudar crianças não verbais a expressarem suas necessidades e emoções, facilitando a intervenção precoce em situações de estresse.

A importância do adulto como regulador empático e respeitoso

Papel crucial do adulto

Adultos, sejam pais, cuidadores ou professores, desempenham papel essencial como reguladores das emoções das crianças com TEA. Eles devem modelar e ensinar habilidades de regulação emocional, criando um ambiente de apoio que ajuda a criança ou o adolescente a lidar com frustrações e estresses.

A interação calma e consistente dos adultos pode ajudar a prevenir e gerenciar comportamentos desafiadores, oferecendo um modelo de resposta emocional e comportamental adequada. A capacidade do adulto de reconhecer e responder de forma empática aos sinais da criança é fundamental para promover um desenvolvimento emocional saudável e reduzir a frequência e a intensidade dos comportamentos desafiadores.

Estratégias para famílias e atividades externas

Apoio familiar

As famílias frequentemente enfrentam desafios em atividades externas, como passeios ou festas, devido ao medo de desencadear comportamentos desafiadores. A terapia ocupacional pode ajudar na preparação para essas situações, desenvolvendo planos de contingência e estratégias para lidar com possíveis gatilhos.

Incentivar a participação em atividades externas de maneira gradual e estruturada pode ajudar a criança a se adaptar e a família a se sentir mais confiante.

Colaboração escola-família

Colaborar com as escolas para criar um ambiente que respeite as necessidades da criança com TEA é essencial. Estratégias como a criação de planos individualizados e a comunicação constante entre escola e família podem melhorar a adaptação da criança ou adolescente ao ambiente escolar.

Reflexão final – reprogramação parental: uma nova perspectiva na abordagem de comportamentos desafiadores no autismo

Compreender e abordar comportamentos desafiadores no autismo exige uma abordagem integrada que vai além da simples identificação de gatilhos e da aplicação de intervenções terapêuticas personalizadas. É necessário esforço consciente para promover uma mudança de paradigma entre educadores e famílias, que muitas vezes podem subestimar a gravidade dessas situações. Para que uma criança com TEA possa verdadeiramente florescer, é essencial que todos os envolvidos no seu desenvolvimento – pais, educadores, terapeutas e comunidade em geral – reconheçam a importância da regulação emocional, da empatia e do respeito.

Essa mudança de paradigma está diretamente ligada à reprogramação parental, pela qual a compreensão dos comportamentos desafiadores é transformada em uma oportunidade para ensinar a autorregulação e promover um desenvolvimento mais saudável.

Em vez de culparmos a criança por suas dificuldades de adaptação, devemos focar na criação de estratégias que ajudem a enfrentar desafios de forma harmoniosa. A terapia ocupacional desempenha um papel vital nesse processo, auxiliando na modulação desses comportamentos, tanto no ambiente escolar quanto em casa.

A reprogramação parental também envolve uma transformação mental. Os pais e os educadores são convidados a romper com crenças enraizadas e práticas ultrapassadas, adotando uma nova perspectiva sobre como lidar com os comportamentos desafiadores. Essa reprogramação é uma mudança não apenas nas ações, mas também na forma como esses comportamentos são interpretados e respondidos.

Ao entendermos que os comportamentos difíceis são, muitas vezes, uma forma de comunicação, abrimos espaço para uma abordagem mais empática e ajustada às reais necessidades da criança.

Quando desmistificamos crenças ultrapassadas e rompemos com práticas inadequadas, criamos um ambiente mais inclusivo e empático, que valoriza a educação contínua de pais e educadores sobre a importância da regulação emocional. Assim, evitamos a tendência de culpar a criança e avançamos para uma abordagem mais consciente e respeitosa.

Para que uma criança com autismo floresça, devemos primeiro cultivar em nós a paciência, a empatia e o respeito que queremos ver nela. Tijolo por tijolo, construímos esse alicerce, pavimentando o caminho com compreensão e regulação emocional, permitindo que a criança se desenvolva em todo o seu potencial. Não podemos cobrar da criança algo que ainda não somos capazes de oferecer (Ana Caroline Marques de Andrade).

Referências

AMERICAN PSYCHIATRIC ASSOCIATION. *Diagnostic and statistical manual of mental disorders*. 5. ed. Washington: American Psychiatric Association, 2013.

ASHBURNER, J.; RODGER, S.; ZIVIANI, J.; HINDER, E. Optimizing classroom environments for students with autism spectrum disorders. *Journal of Autism and Developmental Disorders*, v. 44, n. 4, p. 937-947, 2014.

CASE-SMITH, J.; ARBESMAN, M. Evidence-based review of interventions for autism used in or of relevance to occupational therapy. *American Journal of Occupational Therapy*, v. 62, n. 4, p. 416-429, 2008.

DUNN, W. *Sensory profile*: user's manual. San Antonio, TX: Psychological Corporation, 1999.

KOENIG, K. P.; RUDNEY, S. G. Performance challenges for children and adolescents with difficulty processing and integrating sensory information: a systematic review. *American Journal of Occupational Therapy*, v. 64, n. 3, p. 430-442, May-June 2010.

MATSON, J. L.; NEBEL-SCHWALM, M. S. Assessing challenging behaviors in children with autism spectrum disorders: a review. *Research in Developmental Disabilities*, v. 28, n. 6, p. 567-579, 2007.

O'DONNELL, S.; DEITZ, J.; KARTIN, D.; NALTY, T.; DAWSON, G. Sensory processing, problem behavior, adaptive behavior, and cognition in preschool children with autism spectrum disorders. *American Journal of Occupational Therapy*, v. 66, n. 5, p. 586-594, 2012.

CAPÍTULO 03

Seletividade alimentar no TEA

Estratégias e manejo na vida familiar

Este capítulo foi criado especialmente para pais e cuidadores que estão na linha de frente, acompanhando cada refeição e cada pequena conquista na alimentação de suas crianças. Muitas vezes, as mudanças necessárias podem parecer grandes e complexas, porém meu objetivo é trazer estratégias reais, com dicas possíveis para você colocar em prática hoje mesmo.

Ana Paula Chiapetti

ANA PAULA CHIAPETTI

Nutricionista infantil especialista em dificuldades alimentares. Idealizadora do curso/mentoria para tratamento de dificuldades alimentares exclusivo para nutricionistas. Nutricionista graduada pela UNP (2021), com pós-graduação em Nutrição Materno-Infantil pela Plenitude Educação (2022). Fundamentos da Abordagem Integrativa para o Tratamento das Dificuldades Alimentares Infantis pelo Instituto de Desenvolvimento Infantil (2020). Certificação no tratamento de dificuldades alimentares infantis pela abordagem Get Permission por Marsha Dunn Klein (2021), com aperfeiçoamento internacional no tratamento de dificuldades alimentares extremas, ministrado por Jo Cormack e Jenny McGlothlin (2022). Treinamento internacional: Quando as crianças não podem comer: apoiando comedores exigentes e crianças com distúrbios alimentares, ministrado por Naureen Hunani (2021), e Como tratar distúrbios alimentares pediátricos, ministrado por Aline Padovani (Turma 06/2023).

Contatos: anachiapetti.nutri@gmail.com
Instagram: @anachiapetti.nutri
84 99991 2577

Enfrentar as dificuldades alimentares no transtorno do espectro autista (TEA) pode parecer desafiador, mas é importante lembrar que a jornada pode ser também uma oportunidade para criar momentos de conexão e evolução para toda a família. A família da criança autista desempenha papel crucial no dia a dia das refeições, por isso a reprogramação parental é fundamental para reescrever a história alimentar da criança com transtornos alimentares pediátricos.

A reprogramação parental se torna uma ferramenta essencial para transformar essas dificuldades em oportunidades de crescimento, pois ela não foca apenas na criança, e sim em todo o contexto familiar, moldando o comportamento dos pais enquanto cria um ambiente encorajador para o desenvolvimento das habilidades alimentares da criança. Tal transformação é um processo contínuo, e este capítulo tem o objetivo de fornecer ferramentas e orientações que tornarão essa jornada mais fluida e gratificante.

Ao reprogramar as crenças e as expectativas dos pais sobre o comportamento alimentar de seus filhos, podemos criar um ambiente de acolhimento e paciência, no qual pequenas conquistas são celebradas e o progresso acontece de forma natural e respeitosa. A reprogramação parental oferece a flexibilidade emocional necessária para que os pais possam adaptar as rotinas alimentares, reduzindo o estresse nas refeições e promovendo uma alimentação mais saudável e prazerosa para todos.

Sabe-se que a prevalência da seletividade alimentar no TEA é bastante expressiva em comparação com o desenvolvimento da criança típica, mas nem por isso o autista está fadado a uma alimentação monótona e pouco nutritiva. Embora não exista uma fórmula mágica que garanta aceitação imediata de todos os alimentos, não é novidade que uma introdução alimentar com alimentos naturais, variada e com progressão de texturas pode ditar o percurso da vida alimentar de uma criança.

Tudo começa na evolução das texturas

O ponto de partida para uma introdução alimentar bem-sucedida é entender a importância da evolução de texturas dos alimentos. A prova disso é a quantidade significativa de crianças autistas com dificuldades alimentares que consomem somente líquidos em sua rotina.

O alimento deve começar amassado com o garfo e ir aumentando a textura ao longo dos meses. Com 12 meses, a criança deve conseguir se alimentar igual a sua família.

A importância do ajuste de mamadas e/ou mamadeiras

Sabe-se que o principal alimento do bebê até um ano é o leite materno ou fórmula, mas isso não significa que a cada recusa deva-se oferecer leite materno ou fórmula, pois ambos proporcionam saciedade e conforto de maneira rápida, eficaz e prazerosa. Então, enquanto houver essa opção, a refeição sempre sairá perdendo.

E o que fazer? Criar janelas alimentares ao longo do dia, para que o bebê experiencie a rotina: leite materno/fórmula → refeição → refeição → leite materno/fórmula. Essa rotina comunica: "Após uma refeição, teremos outra refeição", porém o leite continuará fazendo seu papel de complementar as necessidades do bebê.

Rotinas sem rituais

Um bebê com boas oportunidades alimentares e rotina organizada não vai para o cadeirão com sono, não pula refeições e não substitui almoço por mamadeira, mas isso não significa ter rituais. As demandas e os horários do bebê podem mudar de um dia para o outro devido aos saltos de desenvolvimento. Quando isso acontecer, a orientação será priorizar as principais refeições, como almoço e jantar.

Não seja inflexível, adapte-se às demandas do momento, priorize refeições com maior volume calórico e nutritivo para ter oportunidades alimentares bem aproveitadas.

Importante! Rituais como sempre utilizar o mesmo pratinho, mesma colher, mesmo copinho, podem reforçar a rigidez cognitiva tão comum no TEA.

A rigidez cognitiva no TEA é uma das principais responsáveis pelas dificuldades alimentares, pois escolher formatos de alimentos, marcas, locais e maneiras de preparo dificulta a evolução do processo. Por esse motivo, quanto menos rituais houver, mais fácil será a evolução da variedade alimentar.

Como aumentar a flexibilidade alimentar da criança no TEA

A criança precisa ser exposta a utensílios diferentes, ser alimentada em locais diferentes, variar preparações, marcas, cores e formatos. Já parou para pensar nas várias maneiras de ofertar banana? Inteira, em rodelas, amassada, na panqueca, na salada de frutas ou em um bolo. Uma criança que aceita um mesmo alimento de várias formas está muito mais aberta a novidades do que uma criança que aceita de uma única maneira.

Quando a seletividade alimentar já está instalada, por onde começar?

O primeiro passo é avaliar a rotina da criança ajustando horários de sono. Uma criança que dorme cedo acorda cedo, e uma criança que acorda cedo, além de acordar com mais apetite, tem mais oportunidades alimentares.

Acordar após as 9 horas da manhã fará com que a criança inicie o café da manhã por volta de 9h30 e finalize essa refeição próximo das 10 horas, por exemplo. Isso atrapalha tanto o café da manhã quanto o almoço, pois a primeira refeição, sendo feita tão tarde, deixa a criança sem apetite para a refeição seguinte. Dessa forma, o almoço será recusado e toda a rotina alimentar dessa criança será prejudicada a longo do dia.

O segundo passo é entender quais substituições podem ser feitas respeitando as preferências da criança e suas possíveis dificuldades sensoriais. Essas substituições dizem respeito tanto a versões melhores e mais saudáveis dos alimentos preferidos quanto a uma boa distribuição dos alimentos que essa criança já consome ao longo do dia, tornando esse cardápio mais nutritivo.

Nem sempre precisamos excluir todos os alimentos pouco nutritivos da vida da criança seletiva para vermos evoluções, sabemos que o processo de aquisição de novos alimentos pode ser lento. O olhar treinado de um profissional pode ajudar a selecionar quais alimentos podem ser mantidos e quais estão atrapalhando o processo de melhoria da seletividade alimentar.

Por exemplo, alimentos ricos em açúcar e em realçadores de sabor, como biscoitos, *nuggets*, miojo e salgadinhos, saturam o paladar da criança e dificultam o processo de aquisição de alimentos mais naturais, enquanto pães, iogurtes, queijos e bolos caseiros podem ser grandes aliados nesse processo.

O terceiro passo é construir as janelas alimentares.

Café da manhã	Lanche	Almoço	Lanche	Jantar	Ceia

Essa imagem demonstra que você tem pelo menos seis oportunidades por dia de melhorar a alimentação da sua criança. Quando pensamos nas refeições como janelas de oportunidade, passamos a programá-las com atenção e estratégia, em vez de sermos solicitadas pela criança o dia todo sendo seduzidas por ofertar algo fácil como um biscoito, por exemplo.

Essa organização tão simples nos dá um script para seguir. Dessa forma, entendemos melhor as opções já existentes, conseguimos explorar melhor esse cardápio, distribuindo os principais nutrientes para que a criança cresça e se desenvolva enquanto a seletividade alimentar é tratada.

Experiências alimentares positivas

Infelizmente, a vida alimentar da criança seletiva pode ser repleta de experiências negativas com a comida, como texturas incômodas, sabores difíceis para seu paladar, experiências sensoriais táteis e olfativas ruins, entre outras situações que desencorajam a criança a se permitir comer algo novo.

Por esse motivo, as famílias se sentem perdidas no início do processo do tratamento das dificuldades alimentares. Pensando nisso, sugiro começar fazendo cinco listas:

- **Lista 1**: todos os alimentos que sua criança come sem dificuldade.
- **Lista 2**: todos os alimentos que sua criança consegue comer, porém recusa em determinados momentos.
- **Lista 3**: todos os alimentos perdidos dos últimos seis meses.
- **Lista 4**: alimentos que seu filho não come, mas adoraria se provasse.
- **Lista 5**: alimentos aversivos.

Exemplo:

Lista 1	Lista 2	Lista 3	Lista 4	Lista 5
Iogurte	Arroz	Maçã	Pizza	Alface
Pão	Macarrão	Banana	Hambúrguer	Brócolis
Bolo	Sanduíche com queijo		Macarrão com molho	
Pão de queijo				
Nuggets	Vitamina de banana			
Salsicha				
Salgadinho				
Biscoito				
Batata frita				
Bala				
Sorvete				
Leite com achocolatado				

Retire da lista 1 alimentos como: biscoitos, miojo, *nuggets*, salgadinhos, salsicha, balas, pirulitos, sorvetes e chocolates.

Os que sobraram serão os alimentos de conforto de sua criança. Agora, separe-os entre lanches e refeições principais.

Lanches: iogurte, pão, bolo, pão de queijo, sanduíche com queijo, leite com achocolatado e vitamina de banana

Refeições principais: arroz, macarrão, batata frita.

Os lanches podem ser ofertados no café da manhã, lanches em casa e lanches escolares.

Os definidos como refeições principais serão ofertados no almoço e no jantar.

Agora, monte um cardápio com esses alimentos e certifique-se de ter distribuído de maneira que haja o mínimo de repetições possíveis no mesmo dia ou no dia seguinte, criando um revezamento entre os alimentos aceitos.

Veja a seguir como é possível os mesmos alimentos estarem em rotinas completamente diferentes.

Exemplo 1:

João come pão de sal, bolo, iogurte de morango, leite com achocolatado, pão de queijo e vitamina de banana.

Segunda: leite com achocolatado + pão de queijo
Terça: iogurte de morango + pão de sal
Quarta: vitamina de banana + pão de queijo
Quinta: leite com achocolatado + bolo
Sexta: vitamina de banana + pão de sal
Sábado: iogurte + bolo
Domingo: vitamina de banana + bolo

Sete dias da semana sem repetir as combinações.

Exemplo 2:

Pedro come pão de sal, bolo, iogurte de morango, leite com achocolatado, pão de queijo e vitamina de banana.

Café da manhã todos os dias: leite com achocolatado + pão de sal
Lanche escolar todos os dias: iogurte de morango + pão de queijo
Ceia todos os dias: vitamina de banana + bolo

Qual criança está mais apta a aceitar um café da manhã diferente durante o processo de aquisição de novos alimentos, respondendo melhor a todas as terapias que envolvem a melhora da alimentação e flexibilidade cognitiva?

João, que come os mesmos alimentos que Pedro, porém os aceita em diversos momentos do dia, revezando suas combinações e preparações, ou Pedro, que come todos os dias os mesmos alimentos no mesmo horário e na mesma ordem?

No exemplo 1, mostramos como é possível termos variedade alimentar com pouquíssimos alimentos. Seletividade alimentar não é sinônimo de monotonia.

Lembre-se: a rigidez cognitiva é um dos principais fatores de dificuldade de melhora da seletividade alimentar no autismo. Uma criança com revezamento alimentar de João é uma criança menos rígida; isso deixa o processo de aquisição de novos alimentos mais possível do que para a criança com a rotina de Pedro.

Não desperdice o poder do ajuste de rotina, não ignore nem menospreze os alimentos que são aceitos hoje pela sua criança. O cardápio novo será construído a partir do cardápio atual.

Desmistificando crenças

Preciso deixar a criança com fome?

Criança precisa, sim, sentir fome, mas isso pode ser ajustado somente com ajuste de rotina e bons espaços entre as refeições.

Substituir o alimento recusado reforça a seletividade?

Sim! Para evitar, aja com antecipação e sabedoria. Se no prato existe algo para o qual sua criança torce o nariz às vezes (lista 2), coloque sempre junto uma pequena quantidade de um alimento que ela ama (lista 1). Dessa forma, ela não sairá da mesa com fome e ainda terá a oportunidade de interagir e, talvez, até comer o alimento proposto.

Nós não nascemos sabendo comer? Por que a criança recusa?

A alimentação é uma habilidade que se desenvolve com o tempo, mas crianças com TEA podem enfrentar dificuldades devido a fatores sensoriais, motores ou emocionais, o que pode interromper seu progresso.

Se meu filho não come, por que procurar um nutricionista?

Um nutricionista especializado em dificuldades alimentares cria um cardápio nutritivo com os alimentos já aceitos, realizando substituições e suplementações conforme necessário. Ele também avalia a rotina e orienta sobre como introduzir novos alimentos gradualmente e lidar com recusas.

Toda criança deve ou irá raspar o prato?

Não. Questione-se sobre a quantidade servida, o intervalo entre refeições e a qualidade dos alimentos consumidos. Essas reflexões ajudam a identificar se a criança está satisfeita ou esperando lanches mais atrativos.

Pode brincar com a comida?

Sim, pode e deve! Alimentação deve ser um momento de prazer à mesa com toda a família.

A partir do momento em que sua criança estiver nutrida, com uma boa rotina, evitando ultraprocessados e variando as combinações e preparações dos alimentos que aceita, ela estará pronta para evoluir não só na sua vida alimentar, mas também em todos os aspectos que permeiam seu desenvolvimento.

Referências

KERZNER, B.; MILANO, K.; MACLEAN JR., W. C.; BERALL, G.; STUART; S.; CHATOOR, I. A practical approach to classifying and managing feeding difficulties. *Pediatrics*, v. 135, n. 2, p. 344-353, Feb. 2015.

KLEIN, M. D. *Anxious eaters, anxious mealtimes*: practical and compassionate strategies for mealtime peace. Bloomington: Archway, 2019.

MORRIS, S. E.; JUNQUEIRA, P. *A criança que não quer comer*: compreenda as interconexões do seu universo para melhor ajudá-la. Bauru: Idea, 2019.

CAPÍTULO 04

Reprogramando as relações por meio do jiu-jitsu

Neste capítulo, vamos falar sobre o transtorno do espectro autista (TEA) e a metodologia usada para receber, acolher e garantir que a experiência no tatame seja inclusiva, tendo o jiu-jitsu como ferramenta de inclusão.

Bia Lage

BIA LAGE

Professora de jiu-jitsu kids e jiu-jitsu inclusivo, terapeuta ABA e fundadora do Projeto Lutando pela Inclusão. Com diversos cursos nas áreas de inclusão e artes marciais inclusivas. Faixa marrom sob a supervisão do mestre Daniel Lage. Mãe do Arthur e da Maria.

Contatos: biaamado@gmail.com
Instagram: @biaamadolage
11 96347 0060

O transtorno do espectro autista é uma condição neurológica que afeta o desenvolvimento e influencia a maneira como uma pessoa se comunica, interage com os outros e experimenta o mundo ao seu redor. O TEA é caracterizado por padrões de comportamentos repetitivos, interesses restritos ou intensos e dificuldades na comunicação e na interação social.

As pessoas com TEA podem ter uma ampla gama de habilidades e desafios, pois sabemos que cada uma age de forma diferente. Algumas podem ter dificuldades significativas na linguagem e no funcionamento diário, enquanto outras apresentam habilidades excepcionais em áreas específicas, podendo também ter as dificuldades em compreender e se envolver em interações sociais.

Por todas essas e outras características, é importante que toda intervenção tenha bases em evidências científicas e se saiba como elas funcionam na prática.

De acordo com Steinbrenner *et al.* (2020), a prática baseada em evidência é a tomada de decisão que, além de ter evidência científica, também é apoiada pelas características e preferências do paciente. Hoje, temos 28 práticas baseadas em evidências para o TEA que atingiram os critérios na revisão.

1. Intervenções baseadas no antecedente (ABI).
2. Comunicação alternativa e aumentativa (AAC).
3. Momentum Comportamental (BMI).
4. Comportamento cognitivo/Estratégias instrucionais (CBIS).
5. Reforço diferencial de comportamento alternativo, incompatível ou outro (DR).
6. Instrução direta (DI).

7. Treino em tentativa discreta (DTT).
8. Exercício e movimento (EXM).
9. Extinção (EXT).
10. Avaliação funcional de comportamento (FBA).
11. Treino de comunicação funcional (FCT).
12. Modelação (MD).
13. Intervenção mediada por música.
14. Intervenções naturalísticas (NI).
15. Intervenção implementada pelos pais (PII).
16. Instrução e intervenção baseada em pares (PBII).
17. Dicas (PP).
18. Reforçamento (R).
19. Interrupção da resposta/redirecionamento (RIR).
20. Automonitoramento (SM).
21. Integração sensorial® (SI).
22. Narrativas sociais (SN).
23. Treino de habilidades sociais (SST).
24. Análise de tarefas (TA).
25. Instruções e intervenções assistidas por tecnologia (TAII).
26. Atraso de tempo (TD).
27. Videomodelação (VM).
28. Suportes visuais (VS).

As intervenções por meio do exercício e do movimento podem incluir o esporte e as artes marciais.

Além de o esporte melhorar os aspectos de depressão e ansiedade, ele também é auxiliador no equilíbrio e na parte motora.

O ponto mais importante do esporte é que, na maioria das vezes, é realizado em grupo e isso tem ganho importante na socialização da criança. E ainda temos que levar em conta as habilidades que são trabalhadas e melhoradas, como, por exemplo, a questão da comunicação, sensorial e visual.

Também são focadas as possibilidades da inclusão do esporte na vida da criança com TEA. Não podemos deixar de observar as sensações de derrota e vitória que ela vai experimentar, tanto individual quanto em grupo.

Além de colocar o corpo em movimento, vai ajudar na regulação emocional, sendo um auxiliador no controle da irritação e da desregulação.

Usando o esporte e as artes marciais, podemos ainda trabalhar para que a criança ganhe aumento de capacidade motora, comunicação global, autoestima, independência e o incentivo ao lúdico.

Foi vendo a falta de professores qualificados e capacitados, dentro do jiu-jitsu, que fundei o Projeto "Lutando pela Inclusão".

Quando iniciei como aluna de jiu-jitsu no ano de 2013, não imaginava o quanto essa arte marcial é completa e que, além de melhorar a condição física, ajuda muito na parte emocional.

No ano de 2023, eu e meu marido, Daniel Lage, decidimos abrir nossa própria academia. Ele, por sua vez, vem de uma família tradicional do jiu-jitsu, já é professor há muito tempo e me incentivou a ficar responsável pela turma Kids da academia. Fiquei um pouco apreensiva no começo, mas encarei. Fiz diversos cursos para entender um pouco sobre o assunto e a criança.

No caminho, apareceu a oportunidade de entender um pouco sobre o jiu-jitsu inclusivo. Eu, como mãe de uma criança com TDAH, já tive diversas experiências frustradas com professores desinformados e não queria repetir o mesmo erro com outras mães.

Fiz o curso de jiu-jitsu inclusivo e na sequência entendi que seria necessário me aprofundar mais, então me especializei em terapia ABA[1] e Método Denver para Intervenções Precoces.

Trouxe tudo isso para dentro da aula do jiu-jitsu e, com apoio nas práticas baseadas em evidências, montei um protocolo de atendimento. Inicio o atendimento individual, depois atendo em par e logo vem a parte de incluir no grupo típico. No atendimento individual, é essencial a construção do elo entre professor e aluno, focando na importância de a criança se sentir segura e respeitada. Trabalham-se as habilidades básicas, motoras, cognitivas e sociais, ensinando e, em alguns casos, adaptando os fundamentos e primeiros movimentos do jiu-jitsu.

No atendimento em par, o foco é o contato com um parceiro, com idade e tamanho próximos. Procuro um par típico, para que a imitação com outra criança seja a referência. Pois ela vai efetuar exatamente o que aprendeu na fase anterior, mas com outra criança. E, nessa fase, às vezes a adaptação que foi feita fica em alguns pequenos detalhes.

Quando a criança está preparada, iniciamos a terceira fase: a inclusão na turma típica.

1 *Applied Behavior Analysis* – Análise do Comportamento Aplicada.

Importante dizer que toda a turma já é orientada com o trabalho de conscientização e empatia que realizamos dentro da academia com alunos e pais típicos.

Quando o aluno TEA inicia com a turma típica, é muito claro o progresso, pois ele já vem sendo trabalhado de diversos modos, mas quando tem um amigo incentivando o processo é muito rápido e leve. Ele busca imitação e contato visual.

O resultado na rotina fica visível, pois no jiu-jitsu vamos ter vários movimentos para auxiliar o aumento da habilidade motora, que facilita a execução de movimentos mais complexos. E esses movimentos mais complexos, quando efetuados em dupla, se tornam mais fáceis e ajudam na parte social da criança.

A aula é preparada e adaptada de acordo com cada aluno incluso. Inclui ajuda, suporte visual, forma clara de passar o comando, fazendo ajustes em alguns movimentos.

O reforçador positivo é muito importante e, além do grau branco do jiu-jitsu, incluímos os graus coloridos, que correspondem a:

- **Grau azul**: respeito.
- **Grau laranja**: coragem.
- **Grau amarelo**: disciplina.
- **Grau vermelho**: atenção.
- **Grau verde**: frequência.

Os graus coloridos, na verdade, são os que eu utilizo para que toda a turma esteja alinhada.

Pode-se observar que trabalhamos as habilidades mais importantes por meio dos graus coloridos. Hoje, meus alunos estão superadaptados aos graus e às suas funções.

Na terceira fase, a aula inclusiva, pode-se ver todo o trabalho acontecendo. O foco principal é trabalhar essa parte da interação da criança de maneira produtiva e ativa. São trabalhadas inteligência emocional, resiliência e comunicação/comportamento assertivo. Nessa fase, fica claro que criança quer criança!

A vida das crianças típicas é muito exaustiva, sempre rodeada de muita demanda e adultos. Quando elas entendem que as atividades são realizadas com outras crianças, movimentos com corpo e brincadeiras, o resultado é muito positivo e rápido.

Em pouco tempo, vemos as crianças brincando, participando de maneira ativa de toda atividade, escolhendo amigos para fazerem par, interagindo e se fazendo entender. Partindo desse resultado, fica cada vez mais claro que ter amigos é importante para nossa saúde mental e física.

Quando a criança com TEA não apresenta disposição, tem dificuldade de interação e não consegue iniciar esse elo de amizade, pode ser que haja falta de interesse social ou exista a dificuldade em se relacionar, resultando no desinteresse. Gera-se um ciclo que se retroalimenta.

Seja qual for o caso, cabe a nós buscar uma alternativa para a solução. As terapias vão ajudar nesses aspectos e, como acredito na potência que o esporte tem na vida das pessoas, eu uni método ABA, jiu-jitsu e criança.

Além da melhora das habilidades de comunicação, linguagem, foco, interação social, conseguimos reduzir os comportamentos-problemas, como, por exemplo, crise de desregulação. Essa redução vem muito do convívio e da antecipação da rotina.

Como estudo de campo, visitei algumas escolas regulares para ver como meus alunos interagiam na aula de educação física, e ficou claro e perceptível que quando o professor não torna sua aula inclusiva, as relações entre as crianças ficam distantes, quase inexistentes. Foi nítida a diferença do aluno nos dois campos – escola e tatame.

A responsabilidade é do professor ou educador em capacitar-se e aperfeiçoar-se, a fim de proceder à mediação ao receber os alunos, sempre respeitando e tendo a inclusão como prioridade. Pois devemos sempre lembrar que, ANTES do diagnóstico, EXISTE uma criança. ANTES do diagnóstico, EXISTE uma família. ANTES, do diagnóstico, EXISTE um profissional que TEM DE ESTAR preparado para acolher e incluir em qualquer ambiente que for!

Referências

APA – American Psychiatric Association. *Manual diagnóstico e estatístico de transtornos mentais DSM-5*. Porto Alegre: Artmed, 2104.

FIRST, M. B. Classificação e diagnóstico das doenças mentais. Rev./corr. abr. 2022, mod. Jul. 2023. Disponível em: https:// www.msdmanuals.com/pt/casa/dist%C3%BArbios-de-sa%C3%BAde-mental/considera%C3%A7%C3%B5es-gerais-sobre-cuidados-com-a-sa%C3%BAde-mental/classifica%C3%A7%C3%A3o-e-diagn%C3%B3stico-das-doen%C3%A7as-mentais. Acesso em: 29 nov. 2024.

SCHNEIDER, L. R.; PEREIRA, R. P. G.; FERRAZ, L. Prática baseada em evidências e a análise sociocultural na atenção primária. Disponível em: https://www.scielo.br/j/physis/a/kq66hywGnfmM4JtrftJM4ys/#:~:text=Pr%C3%A1tica%20Baseada%20em%20Evid%C3%AAncias%20%C3%A9,e%20as%20prefer%C3%AAncias%20do%20paciente. Acesso em: 29 nov. 2024.

STEINBRENNER, J. R. *et al. Práticas baseadas em evidências para crianças, adolescentes, e jovens com transtorno do espectro do autismo*. Chapel Hill: UNC, 2020.

CAPÍTULO 05

Educação inclusiva na prática

Desenvolvendo estratégias pedagógicas adaptadas

Educação inclusiva na prática pressupõe mudanças e transformações no espaço escolar. São urgentes ações pedagógicas que garantam a construção de escola para todos, importante rever saberes que trabalhem nessa direção. O acesso à escola vai além da arquitetura de seus prédios. É preciso romper com barreiras atitudinais e construir possibilidades acadêmicas para que todos possam tocar o conhecimento.

Cláudia Linhares Lucas Ferreira

CLÁUDIA LINHARES LUCAS FERREIRA

Pedagoga graduada pela UERJ (2000), com pós-graduação em Neuropsicopedagogia Clínica e em Educação Especial e Inclusiva (Faculdade Futura). Curso de extensão em Altas Habilidades na Escola pela UFF. Formadora pelo Instituto Municipal Helena Antipoff (IHA), onde atuou até 2022 como coordenadora de equipe e coordenadora das classes hospitalares do município do Rio de Janeiro. Atua como consultora em educação inclusiva na rede privada do município do Rio de Janeiro e é a idealizadora do curso INP Práticas Inclusivas.

Contatos: clinhares313@gmail.com
Instagram: @profclaudialinhares
21 98884 8528

Quando subimos a serra, comumente levamos conosco a ideia de estarmos andando em círculo, contornando a mesma paisagem com a impressão de que não saímos do lugar, muito embora estejamos em movimento. Esse indicativo de que todo cenário é o mesmo e de que estamos dando voltas em torno do mesmo lugar não se sustenta porque, muito embora estejamos de fato contornando a mesma paisagem, a natureza está sendo alcançada em ângulos distintos e a visão que se desenha do momento em que vamos subindo e subindo tem peculiaridades bem distintas.

Nesse movimento espiral, mudam as características da paisagem e tanto a beleza quanto os ângulos de visão ganham novas dimensões, como nosso olhar também muda, embora muitas vezes não pareça. Enquanto nos afastamos da base que deu origem à subida, muitas vezes ficamos focados em como será a chegada, mas o importante para entender a beleza da serra está em aproveitar o caminho, aprendendo com ele, com as curvas que fomos deixando para trás e construindo com segurança o percurso que garantirá as curvas que estão por vir.

Há algumas décadas, desde a Conferência Mundial sobre Educação Especial de Salamanca, na Espanha, em 1994, conhecida como Declaração de Salamanca, que olhamos a inclusão por ângulos diferentes. Os avanços desejados vão sendo atendidos e novos desafios e necessidades nascem a partir da prática de uma educação para todos, a fim de ampliarmos o debate da necessidade de novas ferramentas e instrumentos que tornem a escola mais democrática tanto no compromisso de ensinar quanto no direito de aprender. Nessa espiral que perpassa toda a vida, algumas necessidades específicas vão ficando no caminho e muitas outras vão surgindo conforme o deslumbrar de novas possibilidades.

A inclusão, embora bem embasada em leis que a legitimam, enfrenta diariamente novas demandas ditadas pela própria singularidade inerente ao sujeito que compõe e dita a prática inclusiva. Assim, aprendemos com a escola para todos que não podemos universalizar essas singularidades. A cada dia, fortalecemos práticas e ações que garantem e reafirmam a educação para todos. Esse olhar ampliado de hoje só é possível porque um dia iniciamos a subida da serra, em um caminho árduo de luta pelo pertencimento, causa inicial da inclusão.

Na urgência de se reorganizar uma escola onde caibam todos os sujeitos e suas especificidades, esquecemos que iniciamos esse debate faz tempo e que ele vem se ampliando e se fortalecendo de forma aspiral, porque, em algum momento histórico, derrubamos as barreiras que impediam a chegada.

A redefinição do modelo de escola que abre suas portas para todos os sujeitos, sem a prática da seleção humana que durante tanto tempo esteve a serviço da sociedade, surgiu com muita força a partir da assinatura da Declaração de Salamanca. A força desse documento deu início a um debate que marcava fortes reflexões do modelo de escola que tínhamos e do modelo de escola que precisávamos ter. Ali começou a intencionalidade de subir a serra, muito embora a subida não tenha iniciado nesse momento histórico – já entendíamos, enquanto sociedade, que essa subida era urgente e necessária. Engajados em movimentos de reforma e reestruturação interna, nosso modelo de escola caminhou empolgado nas reformas necessárias e fundamentais para a garantia da subida, mas foi só em 2008 que de fato surgiu a Política Nacional da Educação Especial na Perspectiva da Educação Inclusiva. Uma revolução interna e totalmente necessária, que ressignificava o modelo de escola que tínhamos e o modelo de escola que precisaríamos ter e aqui, então, não teria como fazer manobras ou pegar atalhos, a subida precisava acontecer.

Ainda que possa parecer que desde então estamos andando em círculos e que as paisagens e os debates são os mesmos, não é isso que acontece.

Aliás, nesse momento em que escrevo sobre práticas inclusivas e estratégias pedagógicas, só o faço porque o ângulo de discussão mudou. Não lutamos mais pelo direito ao pertencimento, hoje temos a favor da causa inclusiva leis, decretos, normas técnicas e muitos outros documentos que sustentam o caminho. Hoje, a luta é pela busca de estudos e pesquisas que fundamentem práticas que nos ajudem, enquanto educadores, a fomentar ações e construir estratégias para que todos toquem o conhecimento.

Estamos longe das paisagens iniciais, no entanto, se hoje nosso debate é de como fazer a inclusão acontecer na prática e como mudar as ações para permitir e fortalecer o desenvolvimento de todos, é justamente por termos alcançado outra quilometragem da subida da serra. Rompemos com o momento em que discutíamos se o carro estava preparado e passamos a entender que a subida é direito de todos que desejem ver a vida e sua paisagem com um olhar próprio.

Olhar para trás nessa caminhada é fundamental para avaliar o caminho percorrido. Isso é importante para entendermos todo o processo inclusivo e, sobretudo, para respeitarmos as lutas e os movimentos que fizeram a inclusão acontecer.

Falar de todo o processo inclusivo significa olhar para trás, compreender como a subida teve início, entender cada trecho dessa serra. Não para nos prendermos às impossibilidades, mas para valorizarmos cada conquista, cada habilidade humana e social desenvolvida, e as que ainda precisam se desenvolver.

A construção social dos dias de hoje ainda guarda muito reflexo do modelo social mais engessado que não convivia bem com as diferenças e, quiçá, com os "diferentes" que normalmente eram escondidos nos porões da vida como vergonhas ou descuidos da natureza. Muito embora ainda hoje tenhamos que lutar intimamente contra os reflexos de uma cultura que insistiu em se manter até pouco tempo atrás, e que colaborou em ampla porcentagem para a formação de cada um de nós, e se encontra no desafio de subir a serra.

Na luta de reformular nossa própria formação humana, vamos tendo que destruir as barreiras atitudinais que residem em nós e que muitas vezes dificultam o entendimento de quanto nos completamos em nossas diferenças e quanto o mundo seria chato e desmotivante se todos fôssemos iguais, origem de uma mesma fornada e de um mesmo modelo.

Hoje, é fundamental capitalizar cada detalhe do potencial humano, entender e aprender a trabalhar em uma construção social em que cada habilidade humana importe.

Nesse novo modelo que vamos vislumbrando durante a subida, vamos percebendo que na prática cada adaptação comprometida em garantir oportunidades de pertencimento, aprendizagem e transformação é fundamental e necessária para que as garantias de direitos saiam do papel e se materializem no caminho.

Assim surge um novo debate acadêmico, legitimado pela necessidade de promover ações e mudanças na construção de um modelo de escola mais democrático e que respeite as diferenças e seu patrimônio histórico, vendo-os como contribuição para uma sociedade em que a equidade não se confunda com caridade, favor ou gentileza, mas como direito essencial a pertencer, participar e, sobretudo, viver.

Em um olhar de formação de sociedade, precisamos entender a família como célula primeira e a escola como formadora de gente e de práticas relevantes que sempre indicam o modelo de sociedade que quero construir ou perpetuar.

Hoje, muitas dessas pessoas são as que constroem a prática pedagógica da escola atual e que têm de lutar contra a cultura de igualdade que, em algumas ações, insiste em condenar a riqueza da diversidade sem compreender o quão chato seria o mundo se na subida da serra só víssemos rosas vermelhas.

Hoje, nos encontramos no trecho da subida que precisa garantir o aprendizado, que precisa rever as práticas que permeiam o espaço escolar e que tem nos indicado que as barreiras atitudinais perpetuam a crença de que subir a serra não é para qualquer carro, o que tem levado a escola, ainda hoje, a não avançar nas práticas inerentes a um mundo veloz e cheio de recursos que permite construir um pacote pedagógico capaz de garantir que todos, cada um com sua própria possibilidade, possam subir, possam tocar o conhecimento.

A urgência de uma escola acessível nasce de uma sociedade acessível, e essa acessibilidade não está apenas no desenho arquitetônico de seus prédios e mobiliários, mas também no desenho humano de quem põe a mão para fazer educação para todos.

Assim, a educação inclusiva na prática pressupõe mudanças e transformações que garantam o desenvolvimento da pessoa com deficiência incluída no sistema, trabalhando na direção em que todos tenham vez, voz e aprendizado garantido. Enquanto a escola não se tornar um espaço democrático onde todos possam estar inseridos, não haverá prática inclusiva efetiva.

Nesse sentido, e buscando fortalecer a inclusão, a própria legislação constrói um instrumento fundamental para dar conta da demanda que temos diante do modelo atual de escola, um instrumento que dá direito de subir a serra em um possante veículo acadêmico denominado Plano de Ensino Individualizado (PEI).

O PEI veio ressignificar as práticas, mas se faz necessário trazê-lo para o cenário escolar como forma de materializar e legitimar ações. Uma prática pedagógica inclusiva nos remete necessariamente à construção de um PEI, forma como é mais conhecido, sendo ele um instrumento forte e cheio de significado de luta na história da educação especial inclusiva, um instrumento de respeito às singularidades de cada estudante incluído. É ele que garante o acesso ao currículo por meio de todas as flexibilizações e adaptações construídas para atender às especificidades pedagógicas, que distancia as ações acadêmicas do inventismo e coloca a prática em um lugar de previsão e planejamento antecipatório com o compromisso de atender aos objetivos previamente definidos.

Sócrates sempre dizia que sua mãe era parteira, mas que, segundo ela, não poderia nunca ajudar a dar à luz a quem não estivesse grávida. Assim, não há como ensinar, não há como assegurar o aprendizado acadêmico e garantir que a pessoa com deficiência seja avaliada em um espaço escolar, sem que tenha um Plano de Ensino Individualizado que esteja diretamente ligado à construção de um pacote pedagógico. Desejar que o aluno com deficiência toque o conhecimento sem acessibilidade acadêmica significaria o mesmo que desejar que a mulher que não está grávida dê à luz.

Diante de uma escola para todos, é fundamental o respeito às singularidades de cada aluno que desse olhar necessite. Que todo esforço seja feito para que caminhos pedagógicos sejam construídos comprometidos com a formação de cada ser humano, possibilitando a todos tocar o conhecimento, subir a serra e chegar aonde cada um desejar.

CAPÍTULO 06

Praticando a empatia

Como pais e professores podem se colocar no lugar das crianças com autismo

Afinal, o que é a empatia nos dias atuais? Como pais e professores, sabemos a importância de lembrar que podemos entender, sentir, olhar o mundo com os olhos de nossos pequenos (quer sejam neurotípicos ou neuroatípicos)? Este capítulo mostra a relevância de deixarmos de lado padrões rígidos de conceitos, verdades enraizadas e teorias que são muitas vezes passadas de geração a geração e que precisam ser reprogramadas, repensadas por meio da oportunidade que o poder da empatia nos traz, para que possamos ter um lugar de mais respeito e amorosidade com o próximo neste mundo em que vivemos.

Cynthia Cristina Rodrigues Pereira

CYNTHIA CRISTINA RODRIGUES PEREIRA

Formada em pedagogia, neuropsicopedagogia e psicopedagogia pelo Mackenzie. Atua na área há mais de 18 anos, em clínicas particulares e atendimentos on-line fora do Brasil. É formada em terapia familiar, especialista em desenvolvimento infantil e também especialista em TEA e AEE. Mestranda em psicanálise. Fundou há dois anos e dirige o Instituto Crescere, localizado em Osasco, na Grande São Paulo, uma clínica multidisciplinar com mais de 15 especialidades para acolher as crianças, os adolescentes e a família.

Contatos: www.institutocrescere.com.br
cynthiapereira@institutocrescere.com.br
11 98830 2058

Empatia, substantivo feminino, é a capacidade de se identificar com outra pessoa, de sentir o que ela sente, de querer o que ela quer, de aprender do modo como ela aprende etc. (Definições de Oxford Languages)

Antes de iniciarmos este capítulo, que tem como maior objetivo a possibilidade de uma doce e agradável conversa e reflexão, gostaria de convidá-los a ler, mais uma vez, o significado dessa palavra tão linda que é a **empatia**.

Ela nos convida não só a olhar o próximo com respeito, dedicação e amorosidade, mas, acima de tudo, nos convida a olhar o próximo como ele realmente é.

Sim, simples assim, como ele realmente é! Com seus defeitos, com suas qualidades, com a sua forma de pensar, com suas manias, com seu jeito único e incomparável de ver, sentir e viver a vida!

Que incrível isso é, não mesmo? É difícil fazermos isso em nosso dia a dia, na correria de nossas rotinas insanas e em um mundo onde tudo passou a ser tão imediato e tão urgente, que a ideia é que todos sejam os mais parecidos e com resultados mais otimizados. Por isso, perdemos esse olhar individualizado e que deve ser único a cada indivíduo que passa por nossas vidas, quer seja em um relacionamento pessoal, em um relacionamento profissional ou na relação pais-filhos e/ou professores-alunos.

Esse conceito de empatia poderia muito bem se transformar em uma filosofia de vida! Sim, isso mesmo! Uma forma única e diferenciada de se relacionar com os outros e com a vida de maneira mais abrangente. A primícia seria, antes de qualquer coisa, se dispor a conhecer o indivíduo, mas conhecer através de um olhar neutro e sem julgamentos, conhecê-lo como de fato é e não como gostaríamos que ele fosse, quer seja para viabilizar uma facilidade para nosso trabalho, para nossa rotina ou mesmo para termos menos problemas em nosso dia a dia.

Quando pensamos e falamos em crianças com o seu desenvolvimento neuroatípico, aqui especificamente as crianças que têm o transtorno do espectro autista (TEA), a necessidade de reprogramarmos a nossa forma de pensar, de sentir e de ver as coisas do mundo se faz ainda mais necessária.

É sabido que todos nós trazemos enraizados em nossa mente formas, conceitos, regras de conduta, verdades que parecem ser absolutas e crenças que estão extremamente arraigadas em nossa forma de ser, agir, sentir e pensar. Essa nossa programação mental é baseada, na sua maior parte, nas experiências vividas e naquilo que nos é passado em nossa criação. Porém, para que possamos exercer a empatia, se faz extremamente necessário que possamos reprogramá-las, como um robô que refaz seu processo de funcionamento, a fim de conseguirmos chegar mais próximos, mas verdadeiramente, desses pequenos que vêm até nós, seja em nosso convívio familiar, como pais, mães e familiares, ou como professores nas escolas e outros locais em que os ensinamos.

É como se nos despíssemos de toda e qualquer forma de pensar, julgamentos e expectativas de como queremos e precisamos que o outro seja para que assim a gente possa de fato conhecê-lo e, a partir disso, construir um relacionamento baseado em respeito, verdade e auxílio naquilo que o outro de fato precisa.

Quando uma nova criança chega até a escola, o primeiro movimento que deveríamos ter em mente é o de conhecê-la verdadeiramente: conhecer suas habilidades, suas necessidades, do que gosta e do que não gosta, o que ela e seus familiares têm de expectativa para aquele trabalho que será desenvolvido ao longo do ano naquela instituição. A ideia seria fazer um "mapa" daquele pequeno que a partir de então passa a estar em nossas vidas também. É certo que os professores e os demais profissionais ligados a essa criança têm planos e metas a serem cumpridos, mas será mesmo que a mesma meta e os mesmos objetivos seriam iguais a todos de uma mesma sala? Não, pois é aí que deve entrar o conceito da empatia! Entender como aquele pequeno aprende, o que ele precisa para desenvolver seus potenciais da melhor forma e com o maior respeito e olhar diferenciado.

Desenvolver esse mapa do conhecimento de cada um facilitaria e muito todo o planejamento que deve ser realizado ao longo de, digamos, um ano escolar. Sabemos que algumas crianças com TEA, por exemplo, precisam de pessoas nesse processo em sala de aula para mediar esse conhecimento, tanto com relação à parte pedagógica quanto em relação à parte comportamental, que são as chamadas assistentes terapêuticas. Outras crianças demonstram a necessidade de um tempo maior de prova, outras precisam de uma adaptação completa do material e das avaliações que serão aplicadas. Podemos pensar também em um trabalho com atividades voltadas a todas as crianças de uma sala que recebe um colega autista, a fim de mostrarmos a importância da empatia como base dos processos relacionais entre todos os que frequentam aquele espaço dia a dia para que, a partir do momento em que todos se conhecem, torne-se muito mais fácil a empatia ser o norte dentro do ambiente escolar.

Algo muito semelhante deve ocorrer quando recebemos no seio familiar nossos pequenos. Se pararmos para pensar, veremos quantas expectativas, quantas ideias já tão enraizadas permeiam a nossa mente e nossos corações, pois já criamos um estereótipo de filho perfeito, de modelo de boa educação e de atividades que achamos que se ele fizer estará preparado para aquilo que chamamos de "sucesso na vida adulta".

Porém, no núcleo de nossa família, também seria muito importante fazermos o mapa do conhecimento para irmos, aos poucos, conforme a criança vai se desenvolvendo, com a convivência que vai sendo construída, entendendo, conhecendo e reconhecendo em nós aquele pequeno ser que estará dali para frente em nossa convivência.

Esse movimento é mágico. Quantas descobertas e quantos aprendizados temos por meio desse conhecimento com o outro, ainda mais quando esse outro é alguém tão próximo de nós! Muitas vezes, enquanto pais, temos a convicção de que nós seremos o grande alicerce de aprendizagem e quase fonte inesgotável de experiências que venham a proporcionar esses mais diversos aprendizados, mas, na verdade, é uma mão de via dupla, onde mostramos os mais diversos caminhos, mas também aprendemos muitos desses novos caminhos com ele. É nessa troca que nos colocamos no lugar de nossos filhos, que aprendemos como um filho com TEA pode nos ensinar sobre novas formas de enxergar o mundo, onde os excessos de estímulos, por exemplo, podem ser desastrosos, mas um hiperfoco em algo que traga produtividade pode ser o diferencial entre os demais.

Colocar-se no lugar do filho, de forma empática, amorosa e respeitosa, para entender que uma roupa com muita costura, o excesso de barulho em uma festa ou até mesmo a dificuldade em experimentar novos sabores é algo que vai além da simples vontade do pequeno e que por isso talvez ele não consiga atender a nossa vontade como pai naquele momento. Esse movimento empático é capaz de transformar relações, ambientes e vidas, pois nos amplia o nosso olhar e nos favorece a entender o outro de uma nova forma!

No entanto, nos esquecemos de que, quando perdemos o nosso poder de empatia, perdemos o poder de conhecer de verdade aquela pessoa que está ali diante de nós, perdemos a possibilidade de conhecer o mundo através de seus olhos, de entender outras tantas formas de agir, e de aprender. Perdemos a possibilidade de construirmos outras ideias, outro espaço nesse mundo para que assim possamos transformar os nossos momentos e nosso dia a dia em lugares mais adequados e confortáveis, sob todos os pontos, para todos que com a gente venham a desfrutar, de verdade, de um mundo melhor.

Melhor não só de acordo com o que cada um acha que é ser um mundo melhor, mas de acordo com o que **todos** entendem ser um mundo realmente melhor!

E, para deixar essa nossa conversa mais prática, sugiro uma atividade muito bacana e que pode, além de nos mostrar mais de perto o conceito de empatia, também proporcionar momentos de muita descontração e diversão.

Venham junto comigo nessas atividades propostas a seguir nas quais podemos ver dois exemplos de dinâmicas para fazermos com nossas crianças em um piquenique ou até mesmo em sala de aula.

Vamos dividir em cinco passos, para facilitar a estrutura de uma dinâmica:

1. Defina seu objetivo

O primeiro passo é pensar no que você deseja realizar com essa dinâmica. Está buscando maior compreensão dos alunos sobre o que é a empatia? Deseja um ambiente de aula mais colaborativo? Está tentando promover a inclusão e a diversidade? Seja qual for o seu objetivo, tenha isso bem definido antes de começar.

2. Conheça o seu grupo

Antes de escolher a dinâmica mais adequada, é importante que você entenda quem são os pequenos e talvez os adultos que participarão também da dinâmica. É importante entendermos qual é o nível de diversidade do grupo para ajustarmos o processo, bem como a faixa etária e os níveis de entendimento e desenvolvimento de habilidades deles.

3. Crie um ambiente seguro

Um elemento vital de qualquer dinâmica para trabalhar empatia é a criação de um ambiente seguro e confortável. Ou seja, um ambiente onde todos se sintam à vontade para se expressar, compartilhar experiências pessoais e se colocar no lugar do outro. Esse é um componente essencial para que a dinâmica seja bem-sucedida e para que todos possam sair compreendendo melhor esse tema abordado.

4. Prepare-se para facilitar

Como facilitador da dinâmica, você deve estar preparado para lidar com emoções e possíveis conflitos que possam surgir.

Tenha em mente que as discussões sobre empatia podem trazer à tona experiências e sentimentos intensos. Portanto, é essencial que você esteja preparado para facilitar essas conversas de maneira respeitosa e sensível.

Sempre respeite o limite de cada um, bem como o quanto cada participante consegue avançar em cada etapa desse processo.

5. Faça uma revisão e feedback

Após a dinâmica, reserve um tempo para revisão e feedback. Com isso, os pequenos vão ter a ajuda para internalizar o que aprenderam e aplicar os conceitos de empatia em sua rotina. Lembre de trazer imagens, músicas e vídeos, que sempre ajudam e facilitam a compreensão.

A primeira dinâmica que eu aqui sugiro é a "Jornada do sapato":

- Peça aos pequenos que tragam um par extra de sapatos (de preferência os que eles usam com menos frequência).
- Uma vez reunidos, peça para trocarem seus sapatos com outra pessoa do grupo. A tarefa deles será caminhar pelo espaço usando os sapatos do outro.
- Você pode colocar uma música ou um vídeo para que possam se movimentar livremente pela sala. E peça para que observem como estão se sentindo com os sapatos do colega.
- Depois disso, todos se sentam em um círculo e discutem como se sentiram usando os sapatos de outra pessoa.

Isso pode levar a discussões sobre perspectiva, conforto e como nossas experiências são moldadas por nossos contextos individuais.

A outra dinâmica que sugiro é a "Caixa da empatia", onde é preciso preparar uma caixa com diferentes objetos dentro (por exemplo, uma chave, uma bola, um livro ou um brinquedo).

Depois, cada pequeno deve escolher um objeto sem olhar e, com base apenas no tato, descrever o que está sentindo, como imagina que seja a cor, para que serve, qual a textura e outras características que ele puder acrescentar.

O objetivo é entender que nem todos percebemos as coisas da mesma maneira, sentimos e interiorizamos as coisas de acordo com nosso mundo interior e nossas experiências, mas que, de qualquer forma, aquele objeto continua sempre sendo o que de fato é.

A empatia é a chave para construirmos pontes entre nós! Em um mundo onde cada vez mais a individualidade é preconizada, por exemplo, por meio das mais diversas experiências virtuais às quais somos submetidos e nos isolando mais e mais nos diversos aplicativos, o poder da empatia nos mostra que é preciso entender, olhar com respeito e generosidade o nosso próximo, a fim de trazermos um ambiente de mais paz e harmonia para vivermos. Que isso possa se iniciar por nós em casa com nossos pequenos e com os professores em suas salas de aula, que nada mais são que o primeiro espaço social das crianças no mundo!

Referências

EQUIPE BLOG PORTAL PÓS. Como fazer uma dinâmica sobre empatia? Disponível em: https://blog.portalpos.com.br/dinamica-sobre-empatia/#:~:text=5%20%E2%80%93%20Imagens%20de%20Empatia,entenderem%20emo%C3%A7%C3%B5es%20e%20perspectivas%20variadas. Acesso em: 23 jul. 2024.

O'NEAL, T. *Respeito é bom e faz bem*. São Paulo: Paulus, 2002.

SAMPAIO, S. *Empatia para crianças e adolescentes*. São Paulo: Matrix, 2019.

SARUÊ, S. *E se fosse você?* São Paulo: Melhoramentos, 2007.

CAPÍTULO 07

A comunicação aumentativa e alternativa e a reprogramação parental

Vivemos em um mundo de fronteiras abertas; a internet nos aproximou e a comunicação é fundamental para todos como ferramenta para a vida. Este capítulo traz a importância da reprogramação parental para o desenvolvimento das pessoas com necessidades complexas de comunicação, a conscientização sobre o direito à comunicação e o papel dos pais nesse contexto.

Helen Conceição de Jesus

HELEN CONCEIÇÃO DE JESUS

Professora graduada pela Universidade Castelo Branco (UCB), em 2001, com pós-graduação em Educação Especial e Inclusiva pela mesma instituição (2019), membro da International Society for Augmentative and Alternative Communication (ISAAC-Brasil). Palestrante e consultora de comunicação aumentativa e alternativa. Seu diferencial é estudar e falar sobre o que vive na maior escola da vida, a maternidade atípica, função desafiadora, inebriante e gratificante.

Contatos: vozparatodos30@gmail.com
Instagram: @profhelenjesus

A melhor forma de ajudar quem se enquadra no espectro autista a mudar para melhor é mudar para melhor nós mesmos – nossas atitudes, nosso comportamento e o tipo de apoio que proporcionamos.

(Prizant & Fields-Meyer, 2023)

Este capítulo mostra a inquietude de uma mãe que não se contenta com o diagnóstico severo de fala e com a falta de evolução comunicativa do filho. E, não sabendo o significado para palavra "impossível", dedica-se a tudo o que possa ser útil ao desenvolvimento dessa comunicação.

Esse filho luta para superar os desafios de ter trissomia do cromossomo 21, apraxia de fala na infância (severa) e, tardiamente, o diagnóstico de autismo.

Cada uma dessas notícias foi como um balde de água fria para uma maternidade sonhada e querida. Certa vez, essa mãe leu um livro que dizia o seguinte: "O ruim de ter síndrome de Down é que quando você nasce os seus pais ficam tristes" (Lang & Garcia, 2015). E essa frase nunca mais saiu da cabeça daquela mãe jovem e sonhadora; sim, ela ficou triste no dia do nascimento do próprio filho.

Existe o que não pode ser mudado, mas existe, também, um mar infinito de possibilidades, e, após muita terapia, aquela mãe aprendeu sobre primeiro entender os próprios sentimentos e necessidades, para saber ser uma mãe mais sensível aos sentimentos do filho que não podia falar.

Nascia ali uma estudiosa de comunicação aumentativa e alternativa (CAA). O filho era o seu laboratório, completo. Ela iniciou com um fichário cheio de figuras agrupadas por categoria e um aplicativo de frases curtas e prontas, sem possibilidade de comunicação mais robusta, porém foi nesse momento que, pela primeira vez em oito anos de vida do filho, o tão sonhado "eu te amo" foi ouvido em casa. Foi a hora de aquela família ouvir a frase mais estimulante e importante da vida deles.

O menino entendeu bem rápido o poder de usar um aparelho vocalizador e, ao contrário do que muitos pensam, não o tornou preguiçoso para falar. Não existe isso para uma pessoa que não tem a fala como sua principal fonte de comunicação.

E a mãe aprendeu a separar as falas limitantes e a começar um trabalho de conscientização dos profissionais que trabalhavam com o filho. Foram momentos bem difíceis; muitos profissionais ficaram para trás. Com muito jeitinho para não ferir ninguém, aquele aparentemente complexo conjunto de páginas, símbolos e palavras era muito desafiador para muitas pessoas que nunca o viram, e elas o rejeitavam.

A mãe, ainda sem nunca ter ouvido falar em presumir competência e inteligência, acreditava que a deficiência intelectual (DI) não era o maior vilão limitador do filho, pois era inacreditável o quanto as pessoas capacitistas (termo usado para qualificar pessoas que olham o outro sob a ótica do que eles julgam que o outro não é capaz de fazer) atrapalhavam o caminho. Foi quando a expressão "presumir competência e inteligência" veio à tona, algo que parecia muito óbvio, mas que alguém havia pensado e transformado em conceito primário para lidar com pessoas com deficiência, em especial aquelas que não se expressam integralmente por meio da fala: "Acreditar e confiar que todas as pessoas podem aprender e tirar proveito de toda e qualquer situação ou contexto" (Eggers & Decker, 2023).

A cada dia, aquele filho sentia mais confiança na família que se enchia de felicidade por ver o crescimento, não milagroso, mas possível para o menino que tivera toda infância à mercê das interpretações de quem convivia com ele. Uma verdadeira prisão.

Convido você a, neste momento, pensar em ao menos uma situação (corriqueira que seja) em que a fala é fundamental e a simular que não possa usá-la. Sim, eu sei que é difícil para os falantes, então vou conduzi-los:

Neste momento você está perdido, em uma cidade totalmente desconhecida, com pessoas relapsas que não prestam atenção em você, porque ninguém te conhece e não entende que precisa te ajudar.

E aí? Qual a sensação? Agora imagine viver assim… sem ser percebido, porque todos julgam que, como você não fala, não tem nada a dizer.

Evidentemente, ainda hoje, nos deparamos com esse tipo de pensamento, pior ainda, com pais que ainda não entenderam e/ou não encontraram ninguém para dizer-lhes que seus filhos – não falantes ou minimamente falantes – querem se expressar, que é torturante não poder falar. Mesmo que a família entenda muito do que a pessoa quer dizer, pois, naturalmente, esses indivíduos são comunicadores multimodais (usam diversas formas de comunicação) que precisam ser validados com muito respeito, não propiciar um sistema robusto de comunicação pode ser bastante perigoso para os momentos em que a família não estiver por perto.

Vamos pensar na vulnerabilidade comunicacional que essas pessoas têm, e elas não são assim porque querem. Como e quantos sentimentos são reprimidos ou transformados em muita confusão e atrito nos ambientes por onde elas passam? Quantas atitudes sociais malvistas caem na conta do autismo severo, quando, na verdade, são um misto de questões sensoriais agravadas pela falta da comunicação efetiva?

Precisamos, todos, repensar o que queremos para essas pessoas, se vamos seguir com um olhar raso ou se vamos ver cada uma delas como pessoa com pleno direito à comunicação e expressão. Será que elas merecem viver essa prisão?

Se fossem pessoas com alguma deficiência física, daríamos a elas o direito a uma prótese ou cadeira de rodas? Então por que não podemos providenciar um sistema robusto de comunicação aumentativa e alternativa? Não estaríamos sendo capacitistas e preconceituosos? O que queremos para as nossas crianças ou jovens ou adultos com questões complexas de fala?

Voltando à experiência vivida, os desafios foram lançados, a escola pública de qualidade abraçou aquela criança, professores dedicados e muito amor envolvido trouxeram aquele menino para o universo comunicador, ainda tímido, com pouca intenção de fala, afinal o mundo comunicador por palavras ainda era muito novo, mas presente, possível e cheio de conquistas.

Quando falamos que aquela mãe precisou reavaliar a própria maternidade, como será que isso aconteceu? Sim, ela passou por uma reprogramação parental. Sem esperar, voltou-se para si mesma em um ato simples de aceitar ajuda na clínica onde o filho faz terapia. Durante as sessões, essa mãe percebeu o quanto dela havia ficado no passado, pois estava imersa no automatismo do cotidiano, no qual acreditava que as inúmeras terapias seriam a única chance de o filho estar sendo bem tratado e estimulado. Foram momentos de reencontro, de mudança de paradigma e de reprogramação. Nasceu uma nova mãe, e era essa nova mãe que esse filho tanto precisava. Obviamente, ela não se tornara perfeita, mas mais real. Esse momento, independentemente da fase em que o filho esteja, é fundamental para o desenvolvimento das pessoas com qualquer tipo de deficiência, mas ouso dizer que é muito mais importante para a vida da mãe. Por vezes, antes de iniciar a mudança, que aconteceu de forma bem natural e leve, aquela mãe se perguntava o porquê de tanta responsabilidade justamente na vida dela, tão livre. Algum tempo depois, ficou nítido que ela não era tão livre, nem era tão feliz quanto agora. Quando pensamos em nós, quando nos vemos com mais afeto, somos capazes de também ter mais afeto e ser ainda mais assertivos na relação com o outro, e isso envolve não somente a relação com os filhos. Todos do nosso convívio ganham.

Retornemos aos ganhos com a CAA. Primeiro, quem precisa tomar consciência da necessidade do uso é a família. Veja o quanto a família é fundamental para o processo de vida das pessoas com deficiência. O uso da CAA não é baseado no que se faz nas outras terapias, o pleno desenvolvimento da pessoa se dá no caos do dia a dia, ela precisa ser conduzida com a alegria de quem aprende algo novo e sensacional. É importante o acompanhamento de um profissional para avaliar o ponto de partida e, junto com a família, organizar os próximos passos para o desenvolvimento da implantação da CAA. Porém, a família é o carro-chefe, seguida da escola e das terapias. A CAA precisa ser usada em todos os ambientes.

A modelagem dirigida faz com que a pessoa com necessidades complexas de fala inicie o processo de reconhecimento das palavras e/ou expressões. É um processo a ser levado a sério, mas não como terapia – deve ser um processo natural, assim como quando uma criança falante está iniciando sua aprendizagem. Nós repetimos várias vezes a mesma palavra até que ela automatize, mas sempre dentro do contexto do cotidiano. Não se trata de repetir aleatoriamente.

Há estudos que evidenciam que, para uma criança típica automatizar uma palavra, ela precisa ouvi-la mais de duas mil vezes. Mas calma! Em CAA, esse processo recebe ajuda de figuras, letras e palavras que nunca saem da posição onde foram colocadas, mesmo as palavras-chave sempre aparecem na mesma posição, ainda que se repitam em diversas páginas. É necessário pensar que todos estarão aprendendo juntos. Ninguém ensina ninguém. Vale acrescentar aqui que CAA não é uma nova língua, é um tipo de linguagem e que ela não invalida intenções de fala de outras maneiras. São bem-vindos gestos corporais, apontamentos, palavras ou fragmentos de palavras faladas. Onde há intenção de fala, precisa haver a validação. Nós somos comunicadores multimodais.

O uso da CAA com símbolos e palavras poderá e deverá ser complementado por um simples teclado vocalizador (em alta tecnologia) ou papel, plástico etc. (em baixa tecnologia) quando a pessoa estiver alfabetizada e quiser fazer a alternância para essa modalidade. Aliás é importantíssimo que o teclado seja usado durante esse processo, mesmo antes da alfabetização, para estímulo e reconhecimento das letras e dos sons, para a substituição gradual e respeitosa das figuras para as palavras digitadas. O indivíduo consegue entender que só tem a ganhar se tiver acesso a uma prancha robusta de CAA (em comunicação aumentativa e alternativa, quando usamos a expressão vocabulário robusto de comunicação, queremos dizer que ele é composto por: alfabeto e número, frases e expressões, vocabulário essencial e acessório).

O uso da CAA traz mitos e dois são os mais questionados por quase todos que não conhecem ainda o poder dessa ferramenta:

"Ah, mas esse menino não vai largar esse tablet ou pranchas de comunicação?!".

"Ah, mas ele acaba ficando preguiçoso e não vai mais querer falar, só usar isso?!".

Não, gente! Ele terá a oportunidade de falar o que quiser, como ele quiser, assim como nós! E não vai usar o tablet para plataformas de vídeo, a menos que a pessoa realmente não queira, em determinados momentos, novamente, assim como nós.

Outro mito é achar que não precisa de CAA o filho autista que um dia já falou ou fala poucas coisas ou que apenas não consegue se expressar nos episódios de *meltdown* ou *shutdown*. Qualquer carência de fala é perigosa demais para a pessoa com necessidades complexas de comunicação.

Vamos juntos dar voz a quem precisa? Vamos juntos fazer a diferença para essas pessoas? Vamos ser ponte de liberdade?

A comunicação é um direito do ser humano contido no Capítulo V da Constituição Federal do Brasil. A Lei Brasileira de Inclusão da Pessoa com Deficiência (Estatuto da Pessoa com Deficiência) nos diz:

> Art. 24. É assegurado à pessoa com deficiência o acesso aos serviços de saúde, tanto públicos como privados, e às informações prestadas e recebidas, por meio de recursos de tecnologia assistiva e de todas as formas de comunicação previstas no inciso V do art. 3º desta Lei.

E por que ainda ficamos aguardando que a fala venha? Por que ainda não damos às pessoas com necessidades complexas de comunicação o direito à comunicação robusta?

Precisamos pensar que essas pessoas devem fazer parte da sociedade como elas quiserem e sem comunicação isso é possível, mas não é pleno.

Trago uma reflexão: Qual o principal ponto de diferença entre os seres humanos e os demais animais? O humano é um animal dotado da palavra, da linguagem, diferente dos outros animais.

Fecho este capítulo pedindo a vocês mães e pais que olhem para si, que iniciem uma jornada para dentro de si mesmos, pois encontrar-se, reprogramar-se, é o caminho mais curto para acolher os filhos, sendo eles pessoas com deficiência ou não. É o caminho mais justo com vocês mesmos, pois ser pai e mãe até é uma condição legal automática de quem tem um filho, mas ser bom pai e boa mãe requer mais do que trazer um filho ao mundo. Para estarmos preparados para essa jornada, independentemente do ponto em que estejamos, precisamos nos dar a chance do autoconhecimento e da cura individual, e essa busca passa pelo ato de comunicar-se com o outro de maneira desarmada e aberta.

Todas as pessoas têm o direito, previsto em lei, de se comunicar. Quando uma família opta por não propiciar os meios necessários para essa comunicação, isso não é sobre soberania familiar.

Referências

BAGNO, M. *Preconceito linguístico*: o que é, como se faz. São Paulo: Loyola, 2013.

BRASIL. *Lei Brasileira de Inclusão da Pessoa com Deficiência*. Disponível em: https://www.planalto.gov.br/ccivil_03/_ato2015-2018/2015/lei/l13146.htm. Acesso em: 10 dez. 2024.

EGGERS, F.; DECKER, F. MASTERCLASS: presumindo competência e inteligência. 2023. Disponível em: https://somarpm.com.br. Acesso em: 3 dez. 2024.

KLEINA, C. *Tecnologia assistiva em educação especial e educação inclusiva*. Curitiba: Intersaberes, 2012.

LANG, N.; GARCIA, R. *Downtown*. Rio de Janeiro: Revan, 2015.

PRIZANT, B. M.; FIELDS-MEYER, T. *Humano à sua maneira*. Bauru: Edipro, 2023.

SOARES, M. *Alfabetização e letramento*. Editora São Paulo: Contexto, 2018.

CAPÍTULO 08

Desenvolver o brincar para aprender a comunicar

Treinamento parental

Este capítulo tem por objetivo orientar familiares e cuidadores sobre a importância do brincar para a aquisição ou aperfeiçoamento da comunicação no transtorno do espectro autista (TEA), abordando estratégias e dicas práticas de atividades para auxiliar a criança a desenvolver a interação social, a comunicação e o brincar funcional e simbólico, habilidade essa que é pré-requisito para a aquisição de inúmeras outras.

Janaíse Bernardi Trentin

JANAÍSE BERNARDI TRENTIN

Fonoaudióloga, graduada pela Universidade Federal de Santa Maria (UFSM), 2006, com especialização em Motricidade Orofacial pelo CEFAC/POA (2011). Pós-graduação em Fonoaudiologia no Transtorno do Espectro Autista pela CBI off Miami (2021); capacitação em ABA e Estratégias Naturalistas pelo Instituto Singular (2021); aprimoramento em Intervenção em Linguagem Receptiva, Expressiva e do Desenvolvimento Infantil pela TK (2023). Com diversos cursos relacionados ao Autismo, à Apraxia de Fala na Infância (AFI), à Comunicação Aumentativa/Alternativa (CAA) e Treinamento de Pais. Proprietária da clínica FaceFono Fonoaudiologia Ltda.

Contatos: www.facefono.com.br
facefono@yahoo.com
Instagram: @facefono_
Facebook: www.facebook.com/facefono
54 99171 5327

O transtorno do espectro autista (TEA) é uma desordem do neurodesenvolvimento caracterizada por dificuldades de comunicação, interação social e presença de comportamentos restritos e repetitivos. Os déficits são percebidos ainda na primeira infância, período em que o brincar é predominante para potencializar o desenvolvimento.

Brincar é crucial para o desenvolvimento cognitivo, emocional, social e da comunicação. Por meio da brincadeira, a criança interage com o mundo, aumentando a iniciativa, a confiança e a autonomia, proporcionando a aprendizagem de diversas habilidades importantes.

Estudos de Emilio & Portes (2024) apontam que famílias de crianças autistas sofrem com níveis elevados de estresse parental quando comparados a pais de crianças com outras deficiências ou com desenvolvimento típico, visto que as crianças com TEA demandam mais tempo e cuidados de seus pais e, na rotina agitada do dia a dia, a disponibilidade para brincar com o filho é escassa ou inexistente.

Além disso, comumente familiares e cuidadores não têm acesso a um treinamento parental que forneça informações e estratégias para despertar o interesse dos filhos quanto a interação, brincadeiras e contação de histórias, buscando por conta própria, o que resulta em um processo muito difícil e exaustivo para as famílias (Amarante & Souza, 2023).

A comunicação no TEA

Comunicar é trocar informações entre os indivíduos com o objetivo de compartilhar conhecimentos, sentimentos, ideias, entre outros temas. Manifesta-se de forma não verbal (uso de gestos, expressões faciais e corporais, comportamentos) e verbal (fala e escrita).

A fala é a habilidade mais esperada pelos pais, que aguardam ansiosos pelas primeiras palavras em torno do primeiro ano de idade. Geralmente, o seu atraso liga o alerta de que algo não está bem. Mas ela não é a única forma de nos comunicarmos. A fala é a "ponta do iceberg", é o que enxergamos como resultado de várias habilidades que estão "imersas" e que são consideradas pré-requisitos para seu surgimento. Observe a Figura 1.

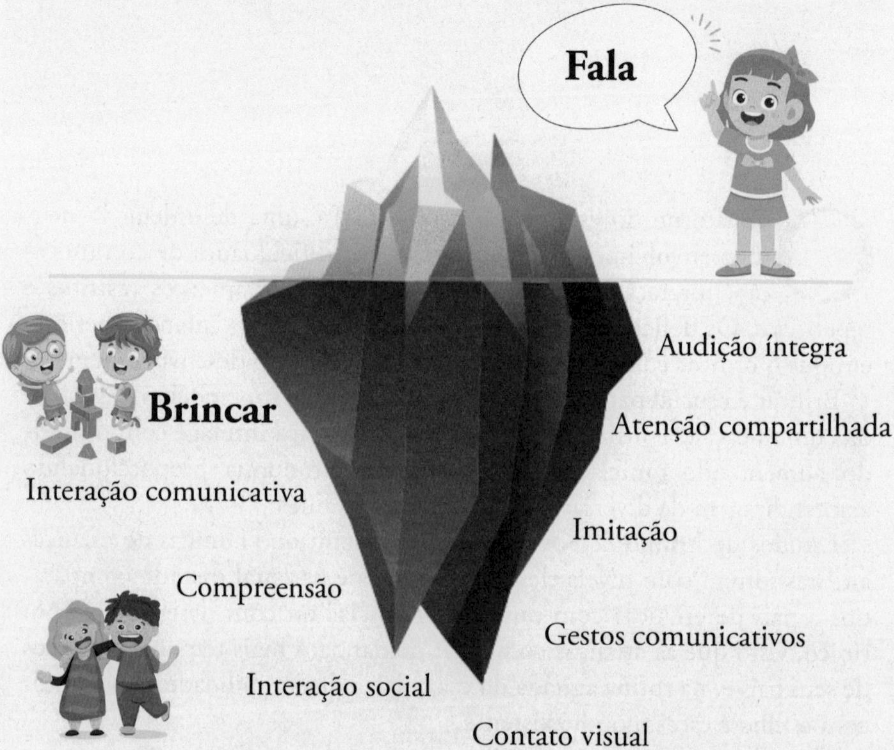

Figura 1 – Pré-requisitos para o desenvolvimento da fala.
Imagem criada por Fernanda Bernardi Pescador.

Com frequência, a família deseja muito que o filho fale, mas não possui conhecimento a respeito de todos os repertórios que a criança precisa adquirir antes de emitir as primeiras palavras.

Ferreira *et al.* (2023) descrevem as alterações de linguagem encontradas no TEA: atraso ou ausência da fala, ecolalia, uso exclusivo ou ausência de linguagem não verbal, falhas na compreensão pragmática, dificuldade em manter o contato visual, déficit na atenção compartilhada, entre outras.

O brincar da criança com TEA

Os déficits provocados pelos sinais e sintomas do TEA prejudicam o surgimento da brincadeira, pois os comportamentos restritos e repetitivos influenciam a forma como a criança se envolve nas brincadeiras e como interage com as outras crianças, causando a ausência ou atrasos no desenvolvimento de habilidades importantes para a adaptação do indivíduo na sociedade.

O brincar das crianças com TEA apresenta algumas características tais como: padrão restrito e peculiar, preferência por brincadeiras sensório-motoras (levar objetos à boca, lamber, manusear sem função), dificuldades na atenção compartilhada e imaginação, no engajamento social, brincar simbólico limitado, comportamento rígido, repetição de movimentos e de escolhas, presença de rituais, pouca interação social, baixa imitação, alterações no processamento sensorial, reduzida organização durante o brincar, estereotipias, movimentação excessiva, falta de concentração e hiperfoco (Mattos & Lione, 2023).

Não obstante, as crianças autistas podem desenvolver habilidades lúdicas, desde que o meio sociocultural, as interações sociais e com os brinquedos, as brincadeiras e o tipo de abordagem sejam propícios ao desenvolvimento, cada qual dentro das suas possibilidades.

Comprovadamente, o “brincar” traz inúmeros benefícios para as crianças com TEA, como: formação de vínculos afetivos; estabelecimento e aprofundamento das relações; ampliação da comunicação e compreensão; melhora a expressão de sentimentos e insatisfações; viabilização de maior qualidade de vida, sendo essencial para o aprendizado da criança e extremamente motivador! Então, mãos à obra!

Preparação para brincar

Antes de propormos qualquer atividade, precisamos garantir que a criança se sinta confortável conosco. Nosso objetivo é mostrar que ela é amada, compreendida e aceita exatamente como ela é, dessa forma, vamos estimulando seu potencial máximo para que seja feliz! A seguir, são apresentados cinco passos para “ganharmos” a confiança dela e partirmos para a diversão!

1. **Observe**: do que ela está brincando? O que está tentando fazer com o brinquedo? O que a faz sorrir? O que a faz desistir? Ela se interessa pelo barulho ou pelo movimento?
2. **Insira-se no ambiente**: seja um “ajudante” da brincadeira. Não peça nada, não chame, não faça perguntas, não dê demandas. Siga a liderança da criança e façam juntos o que ela quer fazer, ajude-a a alcançar seu objetivo.

3. **Imite e comente a atividade**: imite o que ela está fazendo com o brinquedo, mas não pegue o dela, ache um parecido e "faça igual". Enquanto isso, vá narrando a atividade e faça comentários utilizando palavras e frases simples que descrevem o que a criança está fazendo. Ex.: Pegou! Caiu! Subiu! Conseguiu!
4. **Brinque com atividades sensório-sociais**: se ela aceitar, faça brincadeiras como cócegas, cavalinho etc. Aproveite e faça uma lista das brincadeiras de que seu filho mais gosta, para utilizar nessa etapa e tirar muitos sorrisos.
5. **Faça pedidos ou solicite algo**: seguindo os interesses da criança, você pode pedir algo ou fazer uma variação da brincadeira, sempre lembrando que, quando ela fizer o que foi pedido, deve-se voltar a fazer o que ela quer novamente. Lembre-se de valorizar qualquer ato comunicativo da criança.

Seguindo esses cinco passos, com certeza você será um ótimo parceiro de brincadeiras!

Atividades práticas

As atividades foram separadas, didaticamente, por habilidades a serem estimuladas, mas tenha em mente que com uma delas estamos estimulando várias outras habilidades concomitantes.

As propostas devem ser adaptadas às necessidades individuais e precisam ser divertidas para vocês dois, não encaradas como uma "obrigação".

Interação social

1. **Faça brincadeiras sensório-sociais (o adulto é o próprio "brinquedo")**: balance no colo, na rede, no balanço, faça cócegas, cavalinho, massagens, entre outras.

Contato visual

1. **Bolhas de sabão**: antes de fazer as bolhas, conte até três alterando a entonação da voz e a expressão facial, pare e espere a reação da criança e, quando ela te olhar, imediatamente sopre as bolhas de sabão.
2. **Rodar/puxar**: pegue um tapete e peça para a criança deitar de costas, segure uma ponta e brinque de puxar/rodar; pare e peça para que ela te olhe; em seguida, faça novamente.

3. **Músicas**: junte seis imagens que representem as músicas preferidas da criança e cole-as pelo quarto. Aponte para cada imagem e cante a música correspondente. Depois, peça que ela olhe para você, antes de cantar a próxima música.

Imitação

1. **Ouça músicas e dance**: faça/ensine a coreografia. Peça para "fazer igual".
2. **Imite as ações ou os sons do seu filho**: isso faz com que ele perceba você e o imite em outros momentos.

Atenção compartilhada e troca de turnos

1. **Jogo de boliche**: cada um tem a sua vez de derrubar os pinos. Use "minha vez", "sua vez", para ajudar a criança a aprender a esperar. Variação: dominó, memória, bingo.
2. **Cubo carinhoso**: pegue uma caixa de papelão, em cada lado cole figuras com diferentes contatos físicos (abraço, cócegas, massagem etc.), joguem o cubo uma vez cada um e façam o que a figura mostra.
3. **Brincadeiras de atenção**: estátua, morto-vivo, careca-cabeludo.
4. **Arremesso de bolinhas**: pegue quatro caixas de papelão abertas, cole em cada caixa uma imagem simples que represente algo que a criança goste de fazer (ex.: bolha de sabão). Peça para a criança jogar as bolinhas dentro da caixa e, se ela acertar, faça a atividade que está na figura.
5. **Terra-mar**: desenhe círculos no chão. Dentro do círculo fica o "mar" e fora fica a "terra". Se você falar a palavra "mar", a criança deverá pular com os dois pés dentro do círculo, quando ouvir "terra", pular com os dois pés fora do círculo. Se a criança errar, irá transformar-se em um peixe grande e você poderá fazer cócegas (ou outra atividade de que ela goste).

Brincar simbólico

1. **Brincar de carrinhos**: faça uma pista no chão (fita, giz etc.) e vá levando o carrinho, fazendo o som do carro "brummm". Pode colocar um boneco ou um animal de miniatura dentro do carrinho, como se fosse levá-lo para passear.

2. **Brincar de aviãozinho**: carregue a criança como se ela fosse um avião e faça o som e o movimento.
3. **Brincar de fazer comidinha**: utilize panelinhas, talheres, frutinhas em miniatura, pratinhos, bonecos, utensílios da casa etc. Vá brincando de faz de conta com ações que representem as atividades que fazemos nas rotinas diárias.
4. **Brincar de boneca**: coloque para dormir, dê mamadeira, troque a fralda, alimente. Ao mesmo tempo, relate o que está acontecendo. Ex.: Ela dormiu! Ela está com fome! Vamos dar comidinha?

Comunicação: compreensão e fala

1. Use **fantoches** para criar situações comunicativas (pode relatar o dia, criar histórias etc.).
2. **Jogos de causa e efeito**: pula pirata, pula batatinha, bate-martelo. Sempre estimulando a troca de turnos (minha vez/sua vez).
3. **Leitura e contação de história**: leia um livro e capriche nas expressões faciais e corporais, encenações e efeitos sonoros. Depois, dê o livro para a criança e solicite que conte a história.
4. **O que será?** Coloque em uma caixa diversos brinquedos ou frutas. Sem olhar, a criança deve acertar qual é, somente com o toque. Variação: use bichinhos em imagens ou miniaturas e, quando a criança pegar, faça o som do animal e peça para a criança imitar.
5. **Eu vejo**: escolha dez imagens de que a criança goste, espalhe pelo ambiente junto com um marcador de tempo (ex.: cronômetro), marque um minuto para a criança olhar as imagens e falar o que vê. Ex.: "eu vejo um vestido azul".
6. **Adivinha o que é?** Escolha 12 imagens de animais, comidas etc. Coloque dentro de um saco e misture. Pegue uma por vez e, sem mostrar, descreva a figura com três pistas perguntando o que é. Se seu filho adivinhar, ganha o ponto, cócegas ou algum brinquedo de que ele goste.
7. **Quando, onde, quem?** Pegue três caixas e separe uma para "quando", uma para "onde" e uma para "quem". Selecione figuras correspondentes para cada situação, por exemplo: quando (hoje, ontem, amanhã etc.), onde (mercado, casa, escola, pracinha etc.), quem (eu, mãe, pai, avô, amigo etc.). Coloque as figuras nas caixas correspondentes. Tire uma figura de cada caixa e forme uma frase ou conte uma história. Depois, peça para a criança fazer o mesmo.

8. **Varinha da fala**: confeccione junto com a criança uma varinha (use algum objeto que você tenha em casa), decore e chame de "varinha da fala". Pegue figuras diferentes, ou brinquedos variados e misture no chão, ou dentro de uma caixa. Quem estiver com a "varinha da fala" vai pegar uma figura ou brinquedo e falar sobre as características ou contar uma história. Depois, passa a varinha para o companheiro, que vai fazer a mesma coisa.

Brincar é mais do que apenas uma atividade de lazer, é um aspecto fundamental na infância que promove o aprendizado, a criatividade, as habilidades sociais, a comunicação, a resolução de problemas e incentiva a resiliência emocional. Além disso, você tem a chance de criar memórias afetivas duradouras e felizes junto da sua criança, solidificando a confiança entre pais e filhos.

A criança aprende brincando e brinca aprendendo.

Referências

AMARANTE, P. A. R.; SOUZA, L. Literacia familiar: uma análise das práticas familiares apoiadas na linguagem para o desenvolvimento da teoria da mente das pessoas com autismo. *Pensar Acadêmico*, Manhuaçu, v. 21, n. 3, p. 1835-1848, 2023.

BERMAN, T.; RAPPAPORT, A. *Brincar para crescer!* 201 atividades projetadas para ajudar sua criança especial a desenvolver habilidades sociais fundamentais. Tubarão: Copiart, 2013.

DAWSON, G.; ROGERS, S.; VISMARA, L. *Autismo*: compreender e agir em família. Lisboa: Lidel, 2015.

EMILIO, A. R.; PORTES. J. R. M. Modelo híbrido de treinamento parental para mães de crianças pré-escolares com transtorno do espectro autista baseado na análise do comportamento aplicada para redução do estresse parental. *Ciências Psicológicas*, v. 18, n. 2, 2024. Disponível em: https://revistas.ucu.edu.uy/index.php/cienciaspsicologicas/article/view/3285. Acesso em: 3 dez. 2024.

FERREIRA, P.; SILVA, G. G.; BAGETTI, T.; STAROSKY, P. Intervenção precoce no transtorno do espectro do autismo: papel da equipe, da fonoaudiologia e da família. *Brazilian Journal of Development*, Curitiba, v. 9, n. 6, p. 19852-19869, jun. 2023.

MATTOS, M. M. M.; LIONE, V. O. F. O brincar das crianças com o transtorno do espectro autista na educação infantil. *Olhares: Revista do Departamento de Educação da Unifesp*, Guarulhos, v. 11, n. 1, 2023.

CAPÍTULO 09

Desenvolvendo comunicação verbal e não verbal de forma sensível e progressiva

Adquirir linguagem é um processo natural e depende apenas de que a criança esteja em contato com a língua nativa. O papel do ambiente e dos mediadores é de suma importância. Quando estamos falando de contextos atípicos, a intensividade é ainda mais necessária. Estímulos familiares são tão potentes quanto as terapias. O conhecimento sobre a comunicação verbal e a não verbal favorece a assertividade.

Juliana Fernandes Araujo Rocha

JULIANA FERNANDES ARAUJO ROCHA

Fonoaudióloga pela UNEB e especialista em Práticas Docentes pela Unijorge, com especialização em linguagem pela Faculdade Novo Horizonte de Ipojuca (FNH). Mestre em Saúde Pública pela Universidad Americana de Paraguay. Doutoranda em Psicologia pela Universidad de Buenos Aires. Prêmio Fábio Lessa de Mérito Fonoaudiológico CRFa 2023. Professora da pós-graduação em linguagem, ABA e TEA. Formação em ABA, Floortime, Integração Sensorial, PlusHand, PROMPT, TEACCH, Denver II, Bayley III, PODD, Jasper, PECS, Power Core, REST, DTTC, ADOS-2 e ADI-R.

Contatos: www.fonojurocha.com
julyrocha.fono@gmail.com
Instagram: @fonojurocha
YouTube: Fono Ju Rocha
71 98105 7855

Quando falamos do transtorno do espectro autista (TEA), temos de considerar algumas questões específicas relacionadas à comunicação. Mas não será assim que este capítulo começará. Vamos primeiro alinhar a nomenclatura. Quando falamos de indivíduos, temos a tendência de categorizá-los em verbais e não verbais com base na presença ou ausência da oralidade. Esse termo precisa de ajustes. A linguagem receptiva, ou seja, a compreensão – saber seu nome, suas preferências, reconhecer familiares, compreender sentenças das mais simples às mais complexas –, é o que podemos chamar de **verbo**. O verbo está na cabeça, nos pensamentos. Nesse sentido, todos nós somos seres verbais. Expressar o pensamento, o verbo, por meio da oralidade, habilidade descrita como linguagem expressiva, é o que nos torna sujeitos falantes. Em resumo, podemos ser indivíduos falantes ou não falantes. Já a comunicação, esta pode ser verbal ou não verbal. Comunicação é verbal quando o veículo selecionado para passar a mensagem é a palavra. Conhecida também como traço segmental da comunicação. Já a comunicação não verbal é composta de expressões faciais, prosódia e movimentos corporais que acompanham, suplementam e ampliam a emissão da resposta. Para que a comunicação aconteça, tanto os aspectos verbais quanto os não verbais são preciosos e nenhum deles deve ser visto como menos importante.

Voltemos às questões específicas do TEA. Uma delas, de grande relevância para nossa conversa, é que, quando falamos sobre TEA, a oralidade não é sinônimo de comunicação. Há pessoas que falam, mas não utilizam a fala para se comunicar. Assim como há pessoas que não são falantes e se comunicam com gestos, prosódia e expressões faciais, conseguindo emitir a mensagem de forma clara, porém restrita. O que nos leva a pensar que estimular apenas habilidades orais pode não ser a escolha mais assertiva para esses indivíduos. Outra questão importante diz respeito à disfunção executiva que cursa com o TEA. Para ficar mais claro, vamos primeiro compreender o que é essa função executiva.

Os estudos sobre as funções executivas tiveram início com o questionamento sobre como nós somos capazes de lidar com as situações novas e como é possível nos adaptarmos de maneira rápida e flexível às mudanças de demandas. Esse grupo de habilidades, que torna possível a cada um de nós controlar nossos pensamentos, regular nossas emoções e, consequentemente, nossos comportamentos, é descrito na literatura de forma variada. Vamos conhecer a teoria da Adele Diamond, que, em 2013, descreveu as funções cognitivas superiores como resolução de problemas, o raciocínio lógico, o automonitoramento e o planejamento de ações como a cadeia final baseada nas habilidades nucleares que seriam a memória operacional, o controle inibitório e a flexibilidade cognitiva.

A memória operacional é descrita como uma memória extremamente especializada que nos torna capazes de manipular informações, seja ela auditiva ou visual, sendo responsável pelos mecanismos de armazenamento (codificação) e recuperação (decodificação) de todas as informações cognitivas que temos armazenadas no nosso cérebro. E, por isso, somos capazes de trabalhar com diversas informações e levá-las em consideração pelo tempo necessário para resolver problemas.

O controle inibitório pode ser descrito como a habilidade de controlar interferências cognitivas, sejam elas pensamentos ou interferências ambientais e sensoriais (o som do ar-condicionado enquanto assistimos televisão, a buzina de um carro do lado externo da casa enquanto lemos um livro), com a finalidade de aumentar o tempo de atenção nos estímulos que geram aprendizado.

A habilidade de inibição de resposta motora também faz parte do controle inibitório e pode ser exemplificada quando esperamos uma orientação verbal antes de agirmos, assim como a autorregulação. Sobre a flexibilidade cognitiva, temos muito a pensar a respeito dela e sua associação com a linguagem.

Vocês concordam que, ao falar uma frase, eu faço um exercício de escolha? Tenho um pensamento e preciso selecionar as palavras certas para expressá-lo, abrindo gavetas sintáticas de pronomes, verbos, conectivos e complementos. Sendo esse um exercício de escolha, envolve habilidades como organização sintática e flexibilidade cognitiva. Qualquer fator que influencie essas duas habilidades pode tornar o indivíduo incapaz de produzir suas próprias frases. Essa habilidade é função da flexibilidade cognitiva. Já a teoria da mente é a habilidade que me permite colocar-me no lugar do outro, predizer um comportamento ao outro e inferir desse outro um estado mental. Com essa habilidade, é possível desempenhar a função social da linguagem, conhecida como pragmática.

Para finalizar, temos a habilidade de coerência central, que consiste na condição de analisar uma situação vivida e ser capaz de retirar dela ensinamentos que, até então, não faziam parte do repertório do indivíduo, e o oposto também, ou seja, analisar ações pontuais e criar conceitos do todo. A consciência sintática, que é a compreensão de como manipular as palavras nas frases, e a categorização semântica, a habilidade de separar elementos por categorias (animais, meios de transporte, alimentos, roupas), dependem dessa habilidade.

As pessoas com TEA apresentam falhas nas funções executivas, gerando dificuldades de adaptar respostas, analisar as situações para tomada de decisões, manter o foco, armazenar informações verbais longas, compreender sentenças com duplo sentido e selecionar palavras para expressar seus pensamentos, usando, certas vezes, palavras de outras pessoas, o que chamamos de ecolalia.

Na infância, o desenvolvimento da linguagem se dá de forma natural, não necessitando de metodologias formais de aprendizagem. O fato de estar inserida em contexto natural, ouvindo a língua nativa, já é o suficiente para que a criança adquira linguagem e, mais tarde, seja capaz de falar. Quando isso não acontece de forma organizada, seguindo a hierarquia dos marcos do desenvolvimento, há de se pensar: (1) A audição já foi testada? Ela está ouvindo bem? (2) Há alguma deficiência intelectual? (3) Há falhas de funções executivas? (4) O ambiente e os interlocutores estão gerando experiências e exposições eficientes e saudáveis? Essas perguntas precisam ser respondidas para que possamos pensar nas estratégias que vão favorecer nossas ações visando minimizar os danos. Caso haja algo orgânico, como uma perda auditiva, uma lesão cerebral ou um dano motor, a gravidade das lesões poderá impossibilitar algumas funções, como a fala, o rastreio visual e a mobilidade do corpo. Caso o ambiente seja empobrecido ou pouco salutar, é importante que ele também seja foco das nossas ações.

A partir de agora, vou direcionar as orientações para o ambiente. A aprendizagem não acontece apenas por conta de características internas do aprendiz. Há de se atentar para fatores ambientais.

Ambientes reforçadores e naturais são imprescindíveis para o desenvolvimento, assim como ambientes hostis e violentos geram impactos negativos permanentes. A família é considerada o primeiro e mais importante ecossistema da criança. As interações que são estabelecidas e vivenciadas no microssistema familiar são as que trazem implicações mais significativas para o desenvolvimento da criança.

A reprogramação parental consiste em uma mudança na forma de se comunicar dentro da família. Ao invés de focarem apenas nas palavras, os pais aprendem a valorizar os diferentes sinais de comunicação, como gestos, olhares e expressões faciais. Essa mudança de perspectiva cria um ambiente em que a criança se sente acolhida e encorajada a se expressar do seu jeito, fortalecendo a interação e a conexão entre pais e filhos.

O objetivo da reprogramação parental é desenvolver habilidades para criar oportunidades naturais de comunicação no dia a dia, sem cobranças excessivas. Eles aprendem a responder de maneira mais acolhedora às tentativas de comunicação da criança, reforçando positivamente cada avanço. Essa abordagem favorece a comunicação espontânea e gradual.

A rotina familiar pode ser um rico momento para estimular a oralidade e a compreensão. A narrativa das atividades de vida diária é considerada organizadora e favorece a compreensão das regras do ambiente e da rotina em geral, assim como utilizar frases mais curtas também favorece a compreensão. Por exemplo: quando você diz para uma criança com dificuldades de linguagem uma frase longa como "*Vai lá no quarto da mamãe e pega o sapato vermelho que está embaixo da cama, por que vamos sair agora para buscar o papai*", é bem possível que ela vá para a porta porque só processou a parte do "buscar o papai". Ou seja, elaborar frases mais curtas e esperar a resposta da criança (conte de cinco a dez segundos antes de fazer por ela ou responder por ela) favorece que ela realize a atividade em seu tempo e com o mínimo de suporte.

Convidar as crianças para participarem da rotina da casa, como estender roupa no varal, guardar as compras do mercado, organizar o armário de roupas, exercita habilidades importantes como planejamento, projeções visuais e espaciais, categorizações semânticas, habilidades motoras e seguimento de instrução, que fazem parte das funções não verbais da comunicação. É importante lembrar que comunicação não é só fala. Portanto, favorecer o uso de gestos para expressar quantidades, brincar de coreografias ou imitar comportamento motor de animais coloca esse corpo como parte integrante da comunicação. As expressões faciais devem ser também foco da intervenção familiar. Explicar como você ou o outro estão se sentindo favorece a compreensão dos estados mentais e seus significados, aumentando as oportunidades de aprendizado sobre a comunicação não verbal.

Por fim, compreender que todos os ambientes podem e devem ser locais de estímulo nos coloca no lugar de bons mediadores, favorecendo vínculos e linguagens positivas, potencializando a comunicação e a interação entre os sujeitos.

Referências

CAPRETZ, B. S. N.; NUNES, C. C.; MAZZETO, B. M. C.; DE SOUZA, A. R. K. Variáveis da família e seu impacto sobre o desenvolvimento infantil. *Temas em Psicologia*, v. 16, n. 2, p. 215-229, dez. 2008.

COMMUNICATION milestones: age ranges. *ASHA*, c2024. Disponível em: https://www.asha.org/public/developmental-milestones/communication=-milestones/?srsltid-AfmBOoqkyegXWD1dSY0BHVeSFSeIFKzTGvvg5JiYINCLXCvsEbzD8UVc. Acesso em: 27 dez. 2024.

DIAMOND, A. Executive functions. *Annual Review of Psychology*, v. 64, p. 135-168, Jan. 2013.

FONTANA, L. B.; PEREIRA, D. S.; RODRIGUES, T. P. O impacto do transtorno autista nas relações familiares. *Braz. J. Hea. Rev.*, Curitiba, v. 3, n. 3, p. 6336-6340, May/Jun. 2022.

HUTCHINS, T.; KNOX, S.; FLETCHER, E. Natural language acquisition and gestalt language processing: a critical analysis of their application to autism and speech language therapy. *Autism & Developmental Language Impairments*, 2024. Disponível em: https://doi.org/10.1177/23969415241249944. Acesso em: 4 dez. 2024.

LAMPREIA, C. A perspectiva desenvolvimentista para a intervenção precoce no autismo. *Estudos de Psicologia*, Campinas, v. 24, n. 1, p. 105-114, jan./mar. 2007.

MARCONDELLI, D. M. J.; CAVALCANTI A. W. L. Fatores de risco e fatores de proteção ao desenvolvimento infantil: uma revisão da área. *Temas em Psicologia*, v. 13, n. 2, p. 91-103, 2005.

PAPALIA, D. E.; OLDS, S. W.; FELDMAN, R. D. *Desenvolvimento humano*. Porto Alegre: Artmed, 2009.

SILVA, L. M. G. da; BRASIL, V. V.; GUIMARÃES, H. C. Q. C. P.; SAVONITTI, B. H. R. A.; SILVA, M. J. P. da. Comunicação não-verbal: reflexões acerca da linguagem corporal. *Rev. Latino-Am.* Enfermagem, v. 8, n. 4, p. 52-58, ago. 2000.

VARANDA, C. A.; FERNANDES, F. D. M. Consciência sintática: prováveis correlações com a coerência central e a inteligência não-verbal no autismo, *Jornal da Sociedade Brasileira de Fonoaudiologia*, v. 23, n. 2, 2011.

CAPÍTULO 10

Direito à inclusão escolar

Este capítulo busca informar e capacitar o leitor sobre os direitos na inclusão escolar, apresentando sua abrangência, as ações acadêmicas cabíveis por parte da escola e a previsão legal específica dos alunos com transtorno do espectro autista (TEA) na inclusão escolar, além dos requisitos necessários para a exigência do direito.

Keila Chicralla

KEILA CHICRALLA

Mãe atípica. Advogada especializada em inclusão escolar, pós-graduada em Neuropsicopedagogia e Educação Especial e em Neurociências Pedagógicas pela Universidade Cândido Mendes (UCAM), com especialização em funções executivas. Especializada em capacitação de escolas e professores em inclusão escolar, instrutora de cursos de treinamento parental na inclusão escolar e transtornos de neurodesenvolvimento como TDAH, TEA e transtornos específicos de aprendizagem. Palestrante. Idealizadora da 1ª e da 2ª Jornadas BrilhanteMente.

Contatos: kchicralla@gmail.com
Instagram: @direitoainclusaoescolar
22 99829 5511

Atualmente, as escolas e as famílias passam por um grande desafio ao exigirem a inclusão escolar de crianças que estão dentro do transtorno do espectro autista (TEA).

Pais que desejam ver a evolução acadêmica de seus filhos se deparam com instituições de ensino despreparadas. Não importa o grau de comprometimento que o autismo trouxe, na prática nos deparamos com uma sucessão de desculpas para justificar a inabilidade para lidar com o aluno. Se o nível de suporte é 2 ou 3, alegam que é muito difícil conseguir que o aluno interaja e se desenvolva academicamente diante de sua condição frente à realidade de uma escola. Se o nível de suporte é 1, afirmam que não é necessário fazer nada, pois acreditam que o aluno pode acompanhar os demais, sendo qualquer adequação na verdade um facilitador, e temem com isso "acostumá-lo a regalias" que não terá no Enem ou na faculdade. Quando muito, resumem as ações a poucas adaptações nas avaliações.

Fazer inclusão escolar com base no nome do transtorno e na observação superficial e artificial que se tem do aluno é uma ação fadada ao fracasso.

O autismo passou a ser chamado de transtorno do espectro autista (TEA) a partir de 2013 com o advento do DSM-5 (*Manual Diagnóstico e Estatístico de Transtornos Mentais*), diante da constatação de que se trata de uma gama de características e desafios que variam de um indivíduo para outro, afetando-os de forma e intensidade diferentes. Em outras palavras, fazer a inclusão baseada na nomenclatura, sem levar em conta as características individuais do aluno diante do TEA, se traduzirá em pouco ou nenhum aprendizado, além de desgaste e consequências emocionais para todos.

Acima de tudo, as ações precisam ser proativas, ou seja, precisam ser calculados previamente os impactos que aquela demanda (ambiente, cheiro, barulho, exigências sociais, habilidades acadêmicas prévias etc.) irá exigir do aluno e se ele necessita de suporte, ou, ainda, se mesmo com suporte a atividade demanda mais do que ele pode ofertar naquele momento.

Para isso, é fundamental, antes mesmo do primeiro dia de aula, uma anamnese completa, que significa o fornecimento pela família e por toda a equipe multidisciplinar (caso haja) de informações sobre o que e como o TEA o afetou, quais serão os impactos diante da realidade escolar, seu desenvolvimento acadêmico, gatilhos que devem ser considerados e como lidar com alguma crise, caso ela ocorra.

Com essas informações, a escola poderá realizar um planejamento levando em conta a real condição do aluno, ou seja, o que ele sabe ou não sabe, e o que pode atrapalhar esse aprendizado seja no ambiente, nos materiais ou na convivência com os demais (alunos e professores). É diante desse levantamento que se constatará a necessidade ou não de um mediador, caso não tenha havido solicitação médica.

Isso significa uma educação de qualidade, um direito de todos, como determinam vários ordenamentos jurídicos, dentre eles a Constituição Federal em seu art. 206, VII.

O aluno com TEA é considerado pessoa com deficiência, segundo a Lei 12.764/12, art. 1º, § 2º. Por conta disso, está inserido na Lei Brasileira de Inclusão (LBI), que prevê, nos arts. 27 e seguintes, o direito a um conjunto de ações que compõem a inclusão escolar, a serem aplicadas em todos os níveis (educação básica – educação infantil, ensino fundamental e ensino médio – faculdade e pós-graduação), nas escolas públicas ou privadas, permitindo um

> [...] aprendizado ao longo de toda a vida, de forma a alcançar o máximo desenvolvimento possível de seus talentos e habilidades físicas, sensoriais, intelectuais e sociais, segundo suas características, interesses e necessidades de aprendizagem. (Brasil, 2015)

Quanto às ações que irão compor a inclusão escolar, podemos classificá-las em adaptações do material e flexibilização do conteúdo, acomodações em sala de aula e adaptações nas avaliações.

As ações, apuradas por meio de um planejamento prévio baseado nas necessidades específicas desse aluno, individualizadas, objetivam sua evolução acadêmica. Esse planejamento prévio é o que chamamos de Plano Educacional Individualizado (PEI), previsto na Lei Brasileira de Inclusão (Lei 13.146/15), art. 28, III e VII.

Não ter um PEI significa que a escola está aplicando ao aluno atípico o mesmo planejamento previsto para os demais, sem levar em conta sua conjuntura específica. E é claro que isso não vai dar certo.

As ações a seguir não são práticas obrigatórias. Dependem dos impactos e das dificuldades que o transtorno trouxe ao aluno para aprender.

1. Adaptação de material e flexibilização de conteúdo

Os direitos a adaptação e flexibilização estão previstos no art. 28, II e III, da Lei 13.146/15 e no art. 59, I, da Lei 9.394/96 (Lei de Diretrizes e Bases da Educação Nacional).

Para se determinar se o aluno necessitará de uma flexibilização do conteúdo ou da adaptação do material, seja quanto à forma, seja quanto ao conteúdo, é necessário verificar se ele possui os conhecimentos prévios necessários para o aprendizado do conteúdo que será ministrado na série escolar em que está matriculado.

Para isso, o § 1º do art. 2º da Lei Brasileira de Inclusão prevê a possibilidade da aplicação de uma avaliação quando for necessário apurar: "III – a limitação no desempenho de atividades; e IV – a restrição de participação".

Essa avaliação não é para verificar se o aluno tem ou não o direito à inclusão escolar, já que ela não compete à escola, e sim para apurar os conhecimentos prévios adquiridos, as limitações em áreas específicas etc.

Também é necessária a verificação da influência de transtornos comórbidos que possam interferir no aprendizado, dada a alta incidência no TEA.

Com isso, é possível verificar não somente se o aluno conseguirá acompanhar as aulas, mas também se o material didático é adequado (não possuindo elementos distratores, se a linguagem é clara, com texturas e cores apropriadas, se o ritmo da aprendizagem proposto é apropriado ao aluno ou se ele necessita de mais tempo para assimilar o conteúdo, se possui recursos visuais suficientes etc.).

O avanço acadêmico ou a persistência das dificuldades serão o indicativo do funcionamento ou insuficiência das ações propostas.

2. Acomodações em sala de aula

O art. 28, V, prevê a "adoção de medidas individualizadas e coletivas em ambientes que maximizem o desenvolvimento acadêmico e social dos estudantes com deficiência, favorecendo o acesso, a permanência, a participação e a aprendizagem em instituições de ensino".

Essas medidas incluem o posicionamento do aluno em sala de aula, instruções verbais (que devem ser curtas, claras e com elementos concretos que facilitem a compreensão e a sequência das ordens) e utilização de materiais concretos (use quadros expondo a rotina e permitindo a previsibilidade, a lista de verificação para ajudar na checagem do cumprimento de todos os comandos). Fazer contato visual ao falar, evitar generalização, antecipar possíveis mudanças na rotina, enviar atividades e conteúdos com antecedência, disponibilizar tempo maior para a entrega das atividades, fracionar tarefas em partes menores e mais fáceis de serem gerenciadas, entre outras ações, poderão ser incluídas.

Diante da frequência de disfunção do processamento sensorial em crianças autistas, as acomodações sensoriais deverão ser utilizadas, tais como protetores auriculares para momentos de muito ruído, entrada e saída em horário diferenciado, local para merendar diferenciado, a fim de não ser afetado pelo cheiro do lanche dos demais etc. É necessária ainda a preparação de um local para o aluno se autorregular, livre de muitas informações sensoriais e com objetos que o acalmem.

Todo o ambiente deve ser apresentado ao aluno antes que as aulas comecem, permitindo a familiarização.

3. Adaptação das avaliações

Quanto às adaptações das avaliações, inicialmente deve-se esclarecer que a Lei de Diretrizes e Bases da Educação Nacional, Lei 9.394/96, no art. 24, V, determina que a verificação do rendimento escolar deva ser contínua e cumulativa, além de priorizar os resultados qualitativos sobre os resultados quantitativos. Conclui-se que a forma e o meio de verificação da evolução do aluno ficam a critério da escola.

Assim sendo, não é obrigatória a aplicação da avaliação escrita no modelo tradicional, que, via de regra, não é a melhor forma para avaliar o aprendizado do aluno com TEA.

Não se diga que é vedada a alteração da forma de avaliação diante do disposto no regimento interno da escola, vez que esse documento, elaborado de forma unilateral pela escola, jamais pode prevalecer sobre o que está disposto em lei.

Caso se opte pelo meio tradicional de avaliação, prova escrita, deve-se ficar atento à necessidade de adaptações que aqui vamos classificar como adaptações no ambiente e adaptações no documento (na própria avaliação).

a. Adaptações no ambiente.

- Avaliação deve ser feita em ambiente separado, sem barulhos ou outros elementos que possam distrair o aluno.
- Uso de protetores auriculares ou abafador de ruídos.
- Tempo extra para o aluno processar informações (deve-se falar mais lentamente e dar mais tempo para que o aluno pense e responda).
- Uso de computadores, calculadoras, tabuada etc., se necessário e proveitoso.

- Fornecimento de gravação com a leitura do texto da prova.
- Leitura do enunciado da questão para os alunos, um de cada vez, além da verificação da compreensão do que se está pedindo na questão.
- Análise da avaliação do aluno para a verificação de erro por desatenção. Neste caso, deve ser solicitado que ele dê uma última lida na prova.

b. Adaptações na avaliação.

- Utilização da fonte Arial, tamanho 14, com espaçamento entre linhas 1,5.
- Avaliação sem informações desnecessárias (desenhos, arabescos etc.).
- A questão não deve ser dividida, colocando parte em uma folha e parte em outra.
- Aumento do número de exemplos, modelos e demonstrações.
- Destaque dos pontos importantes do texto.
- Apenas uma pergunta por questão.
- Uso de negrito e maiúsculo do que se está pedindo no enunciado.
- Utilização dos mesmos termos dados em sala de aula e no material didático.
- Enunciados com textos curtos, linguagem objetiva, direta e sem duplo sentido.

Esses são apenas alguns exemplos. Outras adaptações podem ser feitas conforme a necessidade.

Também é fundamental a capacitação dos professores e demais funcionários da escola, como determina o art. 28, X, seja na formação inicial, seja na formação continuada.

Em alguns casos, o aluno pode necessitar de acompanhamento de um profissional de apoio escolar, também chamado mediador. Esse direito está previsto no art. 28, XVII, da LBI. A mesma lei, no art. 3º, XIII, esclarece quem é esse profissional e suas funções.

> Art. 3º, XIII – profissional de apoio escolar: pessoa que exerce atividades de alimentação, higiene e locomoção do estudante com deficiência e atua em todas as atividades escolares nas quais se fizer necessária, em todos os níveis e modalidades de ensino, em instituições públicas e privadas, excluídas as técnicas ou os procedimentos identificados com profissões legalmente estabelecidas.

Esse direito também é previsto no art. 3º, parágrafo único, da Lei 12.764/12, segundo o qual, em caso de comprovada necessidade, o aluno terá direito a um acompanhante especializado.

Algumas questões devem ser ressaltadas nesse quesito. A comprovação e a solicitação do profissional de apoio escolar (acompanhante especializado) devem ser feitas por meio de um documento emitido pelo médico, já que somente ele pode avaliar o grau de comprometimento do aluno, que não se restringe às questões acadêmicas, pois também devem ser levados em conta os desafios sensoriais, emocionais, sociais etc.

Em relação às qualificações técnicas necessárias ao profissional de apoio escolar (acompanhante especializado), não há até o momento nenhuma lei que especifique a qualificação mínima. Todavia, deve-se levar em conta que esse profissional dará suporte acadêmico, entre outras atribuições, sendo necessários conhecimentos pedagógicos, além de capacitação diante das dificuldades específicas daquele aluno. Do contrário, o serviço prestado não terá qualidade, direito constitucional garantido.

A inclusão escolar do aluno com o TEA é um direito que abrange toda a educação básica (da educação infantil até o ensino médio), o ensino superior e a pós-graduação (*stricto* e *lato sensu*).

A inclusão escolar deve ser uma realidade na vida acadêmica, demandando ações prévias ao início das aulas e ajustes ao longo do ano letivo, a fim de se adequar às necessidades do aluno, buscando sua evolução e permanência na escola.

Por fim, é necessário esclarecer que a inclusão escolar não é opcional à escola. Trata-se de uma obrigação a todas as escolas, que, ademais, não podem cobrar valores extras para a prestação desses serviços (art. 28, § 1º, da Lei 13.146/15), sendo considerada a negativa da adaptação razoável uma discriminação em razão da deficiência, nos termos do art. 2º do Decreto 6.949/2009.

Referências

BRASIL. *Lei n. 9.394, de 20 de dezembro de 1996*. Estabelece a lei de Diretrizes e Bases da Educação Nacional. Disponível em: https://www.planalto.gov.br/ccivil_03/leis/l9394.htm. Acesso em: 4 dez. 2024.

BRASIL. *Lei n. 13.146, de 6 de julho de 2015*. Institui a Lei Brasileira de Inclusão da Pessoa com Deficiência (Estatuto da Pessoa com Deficiência). Disponível em: https://www.planalto.gov.br/ccivil_03/_ato2015-2018/2015/lei/l13146.htm. Acesso em: 4 dez. 2024.

CAPÍTULO 11

Experiências musicais no processo de aprendizagem

Utilização de histórias cantadas e improvisação musical

Como as experiências musicais podem auxiliar no desenvolvimento infantil? É por meio delas que criamos conexões em um ambiente lúdico. A musicoterapia utiliza experiências musicais para estimular habilidades como comunicação e interação social. Técnicas como improvisação e recriação musical favorecem a expressão emocional e o desenvolvimento cognitivo, evidenciando o papel da música na aprendizagem.

Kenia Bianor

KENIA BIANOR

A musicoterapeuta Kenia Bianor é bacharel em Musicoterapia pelo Conservatório Brasileiro de Música CBM/CEU (2009) com pós-graduações em Psicomotricidade Clínica e Institucional pelo IBMR Laureate International Universities (2016); Transtorno do Espectro Autista pelo CBI of Miami e Celso Lisboa (2020); Terapia Cognitiva Comportamental para Atuação em Múltiplas Necessidades Terapêuticas (TCC) pela Universidade Paulista – UNIP (2021); e Análise do Comportamento Aplicada ao Transtorno do Espectro do Autismo (ABA) pelo IEPSIS e pela Faculdade INESP (2023). Atualmente, é musicoterapeuta clínica em seu espaço próprio, Recriarte – Musicoterapia e Psicomotricidade, no Rio de Janeiro. Possui experiência e atuação profissional desde 2009 na área de saúde mental infantojuvenil, atuando principalmente com transtornos do neurodesenvolvimento.

Contatos: espacorecriarterj@gmail.com
Instagram: @keniabianor.musicoterapia

Era uma vez
Um lugarzinho no meio do nada
Com sabor de chocolate
E cheiro de terra molhada...

("Era uma vez" – Álvaro Socci e Cláudio Matta)

Quem nunca ouviu e se encantou com uma história? Sejam histórias de pessoas que admiramos e amamos ou das mais épicas e fantasiosas que fazem nossa imaginação não ter limite. E quando essas histórias são cantadas e acompanhadas de variações nos timbres de voz, entonações ou onomatopeias? Prende mais a atenção, não é mesmo? As histórias e a música fazem parte do dia a dia das crianças desde muito cedo e a associação de ambas pode gerar um potente aliado ao processo de desenvolvimento cognitivo e aquisição de habilidades.

As histórias cantadas são narrativas acompanhadas por música que, geralmente, apresentam melodias simples e repetitivas com alteração nas informações textuais. Essas histórias musicais podem ser estruturadas (histórias prontas – com possibilidades para uma recriação) ou criadas pelos próprios pais e cuidadores com ou sem a participação direta da criança (improvisações musicais que podem se transformar em composições). Essa forma de interação facilita a compreensão do processo "início-meio-fim" (sequenciação/senso de conclusão), além de proporcionar um ambiente lúdico e o fortalecimento de vínculos.

Segundo o DSM-V, crianças com autismo possuem déficits em duas categorias principais: comunicação e interação social e padrões restritos e repetitivos de comportamento. E como podemos inserir a musicoterapia para auxiliar nesse desenvolvimento? Para respondermos a essa pergunta, vamos contextualizar as partes e depois interligá-las.

Musicoterapia

De acordo com a União Brasileira das Associações de Musicoterapia (UBAM, 2016):

> Musicoterapia é um campo de conhecimento que estuda os efeitos da música e da utilização de experiências musicais, resultantes do encontro entre o/a musicoterapeuta e as pessoas assistidas. A prática da Musicoterapia objetiva favorecer o aumento das possibilidades de existir e agir, seja no trabalho individual, com grupos, nas comunidades, organizações, instituições de saúde e sociedade, nos âmbitos da promoção, prevenção, reabilitação da saúde e de transformação de contextos sociais e comunitários; evitando dessa forma, que haja danos ou diminuição dos processos de desenvolvimento do potencial das pessoas e/ ou comunidades.

Experiências sonoro-musicais – improvisação, recriação e composição

A musicoterapia utiliza experiências sonoro-musicais e as interações geradas por elas com objetivos clínicos dos mais diversos que podem ser na comunicação expressiva, receptiva, na atenção, no foco, na interação social, entre outros. Vale ressaltar que os objetivos devem ser traçados de acordo com o indivíduo e suas particularidades.

Kenneth Bruscia (2016) explica que a musicoterapia:

> Não é meramente o uso da música; em vez disso, é o uso de experiências musicais. O que isso implica é que o agente da terapia é entendido não apenas como a música (i.e., um objeto externo ao cliente), mas também como a experiência do cliente com a música (i.e., a interação entre pessoa, processo, produto e contexto, e a interação entre as pessoas).

Em musicoterapia, encontramos quatro tipos principais de experiências musicais. São eles: improvisação, recriação, composição e audição (Bruscia, 2016). Por hora, vamos nos deter nos três primeiros. Nas experiências musicais improvisativas, a criança cria espontaneamente a sua música por meio dos instrumentos ou da voz e pode fazê-lo sozinha ou acompanhada do musicoterapeuta. Tal método pode estimular a criatividade e a flexibilidade da rigidez cognitiva, facilitando, assim, a interação social, por exemplo.

Nas recriacionais, a criança canta e/ou toca uma música conhecida, recriando à sua maneira. Com isso, pode, por exemplo, estimular memória, controle inibitório, desenvolver ou aprimorar habilidades sensório-motoras, entre outras. Nas experiências de composição, a criança é auxiliada pelo musicoterapeuta na criação musical que pode variar entre apenas letras, canções completas ou apenas instrumentais. Essa experiência pode auxiliar na organização e expressão de pensamentos e sentimentos, autonomia, criatividade, coordenação motora etc.

Vejamos na prática como utilizamos alguns desses métodos em um contexto clínico no atendimento de uma criança com TEA:

A canção "A linda rosa juvenil" possui a estrutura musical que se repete, alterando apenas a letra (continuação da história). Com ela podemos, por exemplo, estimular a memória, a atenção, o sequenciamento da história, a noção rítmica, a prosódia, a interação com o outro e até a flexibilidade cognitiva, caso queiramos fazer modificações na estrutura da letra trazendo para o cotidiano da criança. Aqui, pode ocorrer uma recriação musical.

Levando a teoria para a prática, podemos observar o que foi mencionado na revisão sistemática da Cochrane (Geretsegger, 2022) sobre musicoterapia e o transtorno do espectro do autismo:

> A musicoterapia usa experiências musicais e os relacionamentos que se desenvolvem por meio delas para permitir a comunicação e a expressão, tentando assim resolver alguns dos principais problemas das pessoas com TEA.

Outra maneira de auxiliar na aquisição de habilidades é a associação das experiências sonoro-musicais a pistas visuais como as da figura a seguir.

Fonte: elaborada pela autora.

Importância da música no processo de aprendizagem

O transtorno do espectro autista (TEA) afeta mais de 2% da população de crianças em idade pré-escolar (Lamanna & Meldolesi, 2024). A música pode desempenhar um papel fundamental no processo de aprendizagem por diversos motivos, entre eles: estímulos sensoriais (auditivos, táteis, proprioceptivos, visuais), expressão emocional verbal e não verbal (com ou sem a presença de canções/palavras durante a expressão sonoro-musical em musicoterapia), desenvolvimento cognitivo (por estimular o cérebro em diversas áreas ao mesmo tempo), socialização com o meio através de jogos musicais ou outra forma de expressão coletiva, desenvolvimento psicomotor (com uso dos instrumentos, percepção musical e associações de música e movimento), além de motivação e engajamento gerados pela música.

> A música também pode ser utilizada para estimular a criatividade e a expressão artística, que são importantes para o desenvolvimento cognitivo e emocional da criança e do adolescente. Sendo também uma ferramenta para estimular a imaginação e a criatividade, uma vez que a letra e a melodia de uma música podem inspirar ideias e histórias (Bianor, Reina & Reis, 2023).

Música, afeto, empatia e reprogramação parental

A música faz parte do cotidiano das crianças e está presente nos mais diversos espaços e contextos, seja na escola, em casa, nos ambientes sociais, lúdicos e até terapêuticos.

> A teoria da aprendizagem de Vygotsky defende que o aprendizado se dá pela interação social, que o desenvolvimento do indivíduo é resultado da relação com o outro e com o mundo que o cerca (Santos, 2021).

Por esse motivo, promover e gerar ambientes de interação e socialização podem auxiliar no desenvolvimento e na consolidação do que as crianças vão aprendendo ao longo do tempo, facilitando assim a generalização dos comportamentos e conteúdos adquiridos.

> Assim, ao mesmo tempo em que constroem e organizam seu lugar dentro de tempos e espaços formativos com a música, eles se constituem e se formam como pessoas ao longo da vida (Queiroz & Sampaio, 2022).

A musicoterapia também pode ser uma excelente aliada no processo de reprogramação parental. Ao envolver as crianças em experiências sonoro-musicais com os pais ou educadores, sob orientação do musicoterapeuta, abre uma oportunidade de reflexão do adulto em relação à criança, adotando uma postura mais assertiva, sensível e ajustada às necessidades emocionais dela. Tal prática auxilia na criação de um ambiente propício ao desenvolvimento global, reforçando os vínculos e promovendo uma interação empática e respeitosa.

Como auxiliar sua criança em casa ou na escola?

Tendo em vista a grande influência da música sobre o processo de aprendizagem, além de outras possíveis aquisições, pais e educadores também podem se utilizar dessa ferramenta para auxiliar seus filhos e alunos. Vale ressaltar que a utilização da música, simplesmente, não habilita nem constitui um acompanhamento musicoterapêutico, haja visto que a musicoterapia é uma profissão regulamentada no Brasil desde abril de 2024 e exige formação de nível superior específica em Musicoterapia.

Mas como realizar em casa ou nos demais ambientes naturais da criança? Levando em consideração a individualidade do sujeito e possíveis necessidades de adaptação, vamos seguir com algumas sugestões que podem ser úteis nesse contexto:

1. **Histórias cantadas criadas e recriadas**: comece uma canção com melodias simples e repetitivas, transformando a história infantil escolhida, modificando a letra ao avançar da história. Encoraje a criança a participar desse processo de criação, alterando a voz, os movimentos ou o ritmo, por exemplo. Além de oferecer uma estrutura clara de "início-meio-fim", contribui para memória, sequenciamento, orientação temporal, prosódia e flexibilidade cognitiva.
2. **Improvisação com instrumentos musicais ou objetos sonoros (com ou sem a presença da canção)**: utilize instrumentos simples como tambores, pandeiros, xilofones ou sinos e permita que a criança explore os sons livremente. Caso não tenha instrumentos, é possível explorar sonoramente com objetos encontrados em casa ou na sala de aula, como caixas, panelas e outros. Acompanhe sua criança durante o processo para criar um diálogo sonoro-musical, incentivando a expressividade e a interação com objetos, meio e demais indivíduos. Essa atividade estimula a criatividade e a comunicação verbal e não verbal.
3. **Jogos musicais de sequenciamento (com ou sem apoio visual)**: crie músicas curtas ou cante alguma já existente que envolva uma sequência de ações (por exemplo, "bater palmas, bater os pés, dar uma volta") e cante junto com a criança enquanto realiza os movimentos. Depois, peça para a criança lembrar a sequência sozinha ou modificá-la. Isso ajuda a desenvolver habilidades motoras, memória sequencial e imitação. Tal atividade pode estar associada ao uso de cards de apoio visual para o sequenciamento da história, canção ou conjunto de ações.

4. **Composição ou recriação para o cotidiano**: crie pequenas canções baseadas nas preferências ou no dia a dia da criança (exemplo: "A canção do café da manhã" ou "A música do banho"). Componha algo próprio ou use a melodia de uma canção conhecida e modifique a letra para descrever a rotina, permitindo que a criança adicione ou modifique as palavras, incluindo o nome dela e demais membros envolvidos para gerar maior conexão e pertencimento. Isso ajuda a organizar pensamentos, sentimentos e fortalece a autonomia.

Essas atividades são exemplos acessíveis e podem ser adaptadas para diferentes níveis de desenvolvimento, idade e objetivos, ajudando a promover a interação e o aprendizado de forma lúdica e motivadora para a criança e o fortalecimento de vínculos com seus familiares, cuidadores e educadores.

Referências

BIANOR, K. C.; REINA, M. T.; REIS, P. F. K. *Contribuições da música e da análise do comportamento aplicada (ABA) no processo de alfabetização*. 2023. Trabalho de conclusão de curso (Pós-graduação em Análise do Comportamento Aplicada ao Transtorno do Espectro Autista) – Faculdade INESP, Jacareí, 2023.

BRUSCIA, K. E. *Definindo musicoterapia*. 3. ed. Dallas: Barcelona Publishers, 2016.

GERETSEGGER, M.; ELEFANT, C.; MÖSSLER, K. A.; GOLD, C. Musicoterapia para pessoas com transtorno do espectro do autismo. *Cochrane Database of Systematic Reviews*, n. 6, 17 jun. 2014. Disponível em: https://doi.org/10.1002/14651858.CD004381.pub3. Acesso em: 27 dez. 2024. Atualização em: *Cochrane Database of Systematic Reviews*, n. 5, 9 maio 2022. Disponível em: https://doi.org/10.1002/14651858.CD004381.pub4. Acesso em: 27 dez. 2024.

LAMANNA, J.; MELDOLESI, J. Autism spectrum disorder: brain areas involved, neurobiological mechanisms, diagnoses and therapies. *International Journal of Molecular Sciences*, v. 25, n. 4, p. 2423, 19 fev. 2024. Disponível em: https://pmc.ncbi.nlm.nih.gov/articles/PMC10889781/. Acesso em: 27 dez. 2024.

QUEIROZ, A. M.; SAMPAIO, R. T. *Um estudo sobre relações entre afetividade, cognição e aprendizagem musical de crianças*. 2022. Disponível em: https://musica.ufmg.br/nasnuvens/wp-content/uploads/sites/5/2022/12/28-Um-estudo-sobre-relacoes-entre-afetividade-cognicao-e-aprendizagem-musical-de-criancas.pdf. Acesso em: 5 dez. 2024.

SANTOS, L. R.; ANDRADE, E. L. M.; FERNANDES, J. C. C.; LIMA, E. F. As contribuições da teoria da aprendizagem de Lev Vygotsky para o desenvolvimento da competência em informação. *Revista Brasileira de Biblioteconomia e Documentação*, v. 17, p. 1-15, 2021.

UNIÃO BRASILEIRA DAS ASSOCIAÇÕES DE MUSICOTERAPIA. Definição Brasileira de Musicoterapia. 2018. Disponível em: https://ubammusicoterapia.com.br/definicao-brasileira-de-musicoterapia/. Acesso em: 5 dez. 2024.

CAPÍTULO 12

Nutrição no espectro

Um olhar integrativo

A nutrição desempenha papel dos mais fundamentais e básicos para o desenvolvimento infantil, especialmente no transtorno do espectro autista (TEA). Ela auxilia na relação com a alimentação e na eficácia dos nutrientes, transformando o organismo e seus processos metabólicos, químicos, neuronais, comportamentais e funcionais. Assim, toda pessoa com TEA precisa ser acompanhada continuamente por um nutricionista, independentemente de ter seletividade ou não, a fim de cuidar de comorbidades e dificuldades presentes no autismo.

Lauren Pinto Coelho

LAUREN PINTO COELHO

Nutricionista pós-graduada em nutrição materno-infantil e dificuldades alimentares em pediatria, terapeuta alimentar e mestre em dietética infantil e coaching nutricional pela Universidade de Tarragona, Espanha, com especialização em neofobia, autismo e aprimoramento em obesidade infantil e reeducação alimentar. Autora do livro infantil *Eu gosto! Tu não!*, com tema em seletividade alimentar no autismo. Mudou-se em 2023 do Rio de Janeiro para Lisboa, onde é pioneira na terapia alimentar, implementando o primeiro espaço especializado para auxiliar crianças e adolescentes a superar os obstáculos da seletividade e transtornos alimentares. Promove uma visão integrativa não apenas na melhora nutricional, mas também criando oportunidades para uma relação positiva com a comida e influenciando na qualidade de vida e no bem-estar das suas famílias.

Contatos: https://laurenpintocoelho.pt
Instagram: @laurenpintocoelho

Quando cuidamos de crianças autistas, temos um desafio que exige muita paciência, compreensão, conhecimento, resiliência e muito amor. Aliás, é tudo sobre isso: amor! Mudar hábitos alimentares é uma tarefa que envolve um processo longo e exige muito esforço, porém é crucial para a diminuição das comorbidades e melhora da qualidade de vida não somente da criança, mas de toda sua família.

A nutrição desempenha papel dos mais fundamentais e básicos para o desenvolvimento infantil, especialmente no transtorno do espectro autista (TEA). Ela auxilia no conhecimento da relação na alimentação, na eficácia dos nutrientes, das vitaminas, dos aminoácidos e como seus mágicos ingredientes transformam um organismo em seus processos metabólicos, químicos, neuronais, comportamentais e funcionais.

Considerando a criança como um todo, não apenas suas deficiências nutricionais, mas também seu bem-estar comportamental e emocional, a visão integrativa individualiza e humaniza o tratamento, começando por suas queixas e sintomas mais pertinentes. Toda pessoa com TEA precisa ser acompanhada continuamente por um nutricionista, independentemente de ter seletividade ou não, a fim de melhorar seu desenvolvimento cognitivo, reduzir sintomas digestivos e gastrointestinais, de comunicação e de comportamento.

Comorbidades e o intestino

Crianças com transtorno do neurodesenvolvimento, incluindo TEA, são regularmente afetadas por comorbidades como problemas gastrointestinais, distúrbios alimentares como a seletividade alimentar, que é aversão a certos alimentos ou texturas, ou mesmo apegos extremos a alimentos específicos e obesidade, tendo maior tendência de desenvolver esse excesso de peso por estar atribuído a fatores como sedentarismo, e dietas pouco saudáveis. Além disso, muitas se apegam a alimentos com grande teor de açúcar e farinha branca, e a comportamentos alimentares atípicos.

O intestino e o cérebro possuem uma íntima conexão bidirecional. Se o intestino não vai bem, podemos ter o surgimento de algumas doenças mentais como depressão e ansiedade. Assim como, se o cérebro não vai bem, pode impactar, por exemplo, na digestão dos alimentos por não liberar neurotransmissores para enviar os sinais necessários. O intestino abriga uma grande quantidade de bactérias que formam a microbiota intestinal. Elas desempenham um papel vital na saúde geral do organismo, como a digestão de alimentos, a produção e absorção de nutrientes e a regulação do sistema imunológico. Estudos recentes têm revelado diferenças na composição da microbiota intestinal em indivíduos com autismo em comparação com aqueles sem o transtorno.

Se essa microbiota não está em equilíbrio, ou seja, se as bactérias benéficas estão em menor quantidade em comparação com as bactérias patogênicas, aquelas que são tóxicas para o organismo e não trazem nenhum benefício, teremos assim uma disbiose intestinal. Essa disfunção irá impactar na camada de proteção presente no intestino, que é formada por células intestinais e pela camada protetora de muco, deixando-as expostas a danos. Forma-se, então, uma espécie de peneira nessa barreira intestinal, a famosa permeabilidade intestinal, tendo como consequência a passagem de alimentos mal digeridos, toxinas e microrganismos que podem causar inflamação intestinal e atacar o sistema imunológico.

Estudos em animais demonstraram que alterações na microbiota intestinal podem afetar o comportamento e a função cognitiva, pois a disbiose, prejudicando a função intestinal, resulta em uma inflamação crônica de baixo grau, que por sua vez pode afetar o funcionamento do cérebro, pois os dois órgãos são conectados. Então, ao aumentar a permeabilidade intestinal, também há o aumento da permeabilidade cerebral, ajudando a influenciar o comportamento das pessoas com autismo.

Fatores para uma microbiota desregulada podem ter relação com uma gestação concebida em idade já avançada, uso de antibióticos e drogas durante a gestação, baixa imunidade materna e níveis deficientes de micronutrientes, desordens gastrointestinais maternas, epilepsia e obesidade. Já que há a microbiota formada na gestação e para esse indivíduo não ter problemas futuros, devemos fazer um bom acompanhamento gestacional, mas essa disbiose pode ser muito bem corrigida já no tratamento com a nutrição infantil, tendo assim uma flora intestinal equilibrada para que as medicações e os suplementos, como os probióticos e fibras alimentares, sejam bem absorvidos e metabolizados, a fim de apresentar melhores resultados.

O objetivo final é desenvolver intervenções personalizadas, podendo ser iniciadas com uma boa alimentação, aumentando a ingestão de frutas, legumes e verduras, alimentos integrais como os grãos e o ômega 3 presente na linhaça, chia, nozes, óleo de canola e alguns peixes como a sardinha, para melhorar a saúde intestinal. Diminuir o consumo de dietas ricas em gorduras, visto que tem relação com alteração da microbiota, trazendo como consequência déficits na sociabilidade e na comunicação e comportamentos repetitivos.

Seletividade alimentar

A seletividade alimentar é caracterizada por uma preferência restrita por determinados alimentos ou texturas, bem como pela recusa em experimentar novos alimentos. Essa seletividade pode ser um desafio significativo para pais e cuidadores, pois pode resultar em uma ingestão inadequada de nutrientes essenciais e dificuldades na promoção de uma alimentação saudável e equilibrada. É uma das comorbidades mais comuns, pois pode acometer 80% dos indivíduos atípicos, com várias causas possíveis, incluindo dificuldades sensoriais, rigidez cognitiva, ansiedade e aversões alimentares relacionadas a experiências passadas.

É importante abordar a seletividade alimentar no autismo de forma individualizada, levando em consideração as preferências e as necessidades de cada pessoa. Uma conduta multidisciplinar, envolvendo profissionais como nutricionistas, terapeutas ocupacionais e fonoaudiólogos, pode ser benéfica para desenvolver estratégias que ajudem a expandir a variedade de alimentos consumidos.

Uma das abordagens comumente utilizadas é a terapia de integração sensorial, que visa ajudar os indivíduos autistas a tolerar melhor diferentes texturas e sabores. Além disso, técnicas como a de encadeamento dos alimentos já aceitos para novas formas de preparo e texturas e a exposição gradual a novos alimentos podem ser empregadas para incentivar a experimentação e a aceitação de alimentos diferentes. É importante lembrar que a paciência e a consistência do tratamento são essenciais nesse processo, pois pode levar tempo para que ocorra uma mudança nas preferências alimentares.

Terapia alimentar e suplementação

A terapia alimentar e a suplementação vão desempenhar um papel importante no tratamento. Embora não exista uma cura específica para o autismo, essas abordagens podem ajudar a melhorar certos sintomas e promover o bem-estar geral.

Elas envolvem a identificação e a eliminação de alimentos que possam estar desencadeando reações adversas ou inflamação no corpo. Algumas pessoas com autismo podem apresentar sensibilidades alimentares, como intolerância ao glúten ou à caseína. Estudos sugerem a retirada desses nutrientes da dieta dos autistas, pois esses dois componentes juntos formam compostos opioides que têm efeito parecido com o da morfina, causando diminuição da dor. Por isso, muitos autistas são mais resistentes a dores, o que pode ser observado nas crises de autoagressão. Em caso de uma permeabilidade aumentada, que é causada pela disbiose, esses compostos irão passar do eixo intestinal para o cérebro, causando um efeito relaxante e viciante.

E é por esse motivo que muitos têm preferência por alimentos ricos em farinha branca, açúcar e leite. O glúten também irá contribuir no intestino diretamente para a separação das células de junção, mais um fator que aumenta a permeabilidade intestinal. No entanto, é importante consultar um médico ou nutricionista antes de fazer alterações na dieta de uma pessoa com autismo, para garantir que ela receba todos os nutrientes necessários e as substituições necessárias.

Além disso, a suplementação também é uma importante aliada durante toda a vida. Alguns estudos têm sugerido que certos nutrientes, como ácidos graxos ômega 3 – fator protetor para as células neuronais e atualmente considerado um prebiótico capaz de reverter a disbiose restaurando-a em algumas condições patológicas –, diminuem a inflamação de baixo grau e estimulam a imunidade. As vitaminas do complexo B como a B12, a B6 e a B2, melhorando a absorção de outros nutrientes ao contribuir para os processos metabólicos e minerais como zinco e magnésio, podem ser benéficas para o funcionamento cerebral e do desenvolvimento. No entanto, é fundamental consultar um profissional de saúde antes de iniciar qualquer suplementação, pois é importante considerar a dosagem correta e possíveis interações medicamentosas, sendo essa uma abordagem extremamente individualizada.

Mudanças de hábitos incluem retirar calorias vazias, que são os alimentos como balas, pirulitos, refrigerantes, sucos industrializados, caramelos, jujubas entre outros. Na cozinha, substituir utensílios de alumínio, plástico e teflon por utensílios de plásticos livres de bisfenol A (BPA), vidro, cerâmica, inox ou aço cirúrgico. Diminuir o consumo de alimentos industrializados e alimentos que contenham na lista de ingredientes o glutamato monossódico, também identificado como E621, assim como os alimentos que contenham corantes, por causa da sua relação com o autismo.

É importante ressaltar que terapia alimentar e suplementação não são tratamentos isolados para o autismo. Essas abordagens devem ser integradas a um plano de tratamento abrangente que pode incluir terapia comportamental, terapia ocupacional e outras intervenções. Cada pessoa com autismo é única, portanto, é essencial trabalhar em conjunto com uma equipe multidisciplinar para desenvolver um plano personalizado e adequado às necessidades individuais.

A aplicabilidade dessas intervenções no dia a dia da criança será mais bem executada pelos responsáveis que utilizam uma abordagem comunicativa mais empática, validando as particularidades alimentares daquela criança, com escuta ativa e sem julgamentos, compreendendo por que a criança evita certos tipos de texturas, cheiros e olhar para certos tipos de preparações. Assim se estabelece um ambiente de maior confiança e se favorece a abertura da criança para experimentar novos alimentos e explorar diferentes opções. Ao validar essas preocupações apresentadas pela criança ou adolescente, desenvolva adaptações a fim de suprir e aumentar o repertório alimentar, incluindo a busca por alternativas saudáveis para aqueles alimentos rejeitados e a criação de um ambiente alimentar positivo e sem pressão.

A execução dessa abordagem torna-se possível pela exposição gradual dos alimentos, sendo um modelo para essa criança ao fazer as refeições à mesa e em família. Oferecem-se pequenas porções de formas diferentes e em momentos diferentes de oito a 15 vezes em tempos afastados. Opções variadas serão oferecidas desde cedo para que a criança tenha maior exposição a diferentes sabores e texturas, envolvendo-a no processo de preparo dos alimentos para que ela possa sentir e saber o que está sendo preparado. A paciência é a base, pois as mudanças levam tempo, então, mesmo que haja a frustração da não aceitação inicial, é importante ter perseverança.

A educação alimentar deve estar incluída no currículo escolar para que a criança possa se entusiasmar na aceitação de novos alimentos ao compreender e aprender por meio das aulas e atividades que irão levá-la a interagir com diferentes alimentos. Ao permitir brincar com os alimentos explorando-os e nunca forçar a criança a comer ou provar alimentos que ela não queira ou não esteja preparada naquele momento, não teremos traumas e uma experiência negativa sobre tais alimentos.

Pode-se notar, nessa breve passagem pelas questões mais abrangentes do autismo, como a nutrição ajuda e faz parte do tratamento, e que essa melhora de vida é um trabalho que envolve muita dedicação, resiliência e respeito. Os pais e os cuidadores são os pilares de sustentação para as crianças atípicas, mas nunca devem estar sozinhos nessa jornada para que uma vida mais funcional e com os sintomas mais controlados e amenizados seja possível. É crescente o tanto de profissionais dispostos a saber e aprender mais sobre o espectro autista a fim de oferecer a todos uma vida mais leve. Por isso, procure um profissional nutricionista o quanto antes para cuidar e semear uma boa saúde.

Referências

ADAMS, J. B.; KIRBY, J. K.; SORENSEN, J. C.; POLLARD, E. L.; AUDHYA, T. Evidence based recommendations for an optimal prenatal supplement for women in the US: vitamins and related nutrients. *Maternal Health Neonatol Perinatol*, v. 11, n. 8, p. 4, 11 July 2022.

BÖLTE, S.; GIRDLER, S.; MARSCHIK, P. B. The contribution of environmental exposure to the etiology of autism spectrum disorder. *Cell Mol Life Sci*, v. 76, n. 7, p. 1275-1297, Apr. 2019.

DE SALES-MILLÁN, A.; AGUIRRE-GARRIDO, J. F.; GONZÁLEZ-CERVANTES, R. M.; VELÁZQUEZ-ARAGÓN, J. A. Microbiome–gut–mucosal–immune–brain axis and autism spectrum disorder (ASD): a novel proposal of the role of the gut microbiome in ASD aetiology. *Behav. Sci.*, v. 30, n. 13, p. 548, June 2023.

FAKHOURY, M. Autistic spectrum disorders: a review of clinical features, theories and diagnosis. *Int J Dev Neurosci*, v. 43, p. 70-77, 2015.

HAMAD, A. F.; ALESSI-SEVERINI, S.; MAHMUD, S. M.; BROWNELL, M.; KUO, I. F. Prenatal antibiotics exposure and the risk of autism spectrum disorders: a population-based cohort study. *PLoS One*, v. 14, n. 8, Aug 2019.

MARCELINO, C. *Autismo, esperança pela nutrição*: histórias de vida, lutas, conquistas e muitos ensinamentos. M. Books, 2018.

NUTTALL, J. R. The plausibility of maternal toxicant exposure and nutritional status as contributing factors to the risk of autism spectrum disorders. *Nutr Neurosci*, v. 20, n. 4, p. 209-218, 2017.

PAULYANE, T. M. G.; LEONARDO, H. L.; LIMA, L. H. L.; BUENO, M. K. G.; ARAÚJO, L. A.; SOUZA, N. M. Autism in Brazil: a systematic review of family challenges and coping strategies. *J. Pediatr.* (Rio J), v. 91, n. 2, p. 111-121, Mar./Apr. 2015.

SCUDERI, C.; VERKHRATSKY, A. The role of neuroglia in autism spectrum disorders. *Prog Mol Biol Transl Sci*, n. 173, p. 301-330, 2020.

STEIN, T. P.; SCHLUTER, M. D.; STEER, R. A.; GUO, L.; MING, X. Bisphenol: a exposure in children with autism spectrum disorders. *Autism Res.*, v. 8, n. 3, p. 272-283, June 2015.

CAPÍTULO 13

Programação mental na infância e seu impacto no desenvolvimento de crianças com TEA

O transtorno do espectro autista (TEA) apresenta desafios únicos tanto para as crianças afetadas quanto para aqueles que as cercam. A infância é um período crítico de desenvolvimento, no qual a programação mental e emocional das crianças é estabelecida por meio de interações com o ambiente, incluindo pais, educadores e colegas. Este capítulo explora como a reprogramação parental, aliada a métodos educacionais inovadores, pode transformar a vida das crianças com TEA, enriquecer a experiência dos pais e educadores e, em última análise, beneficiar a sociedade como um todo.

Letícia Cardoso Silva Nogueira
e Mônica Vetsch Lichote de Lima

LETÍCIA CARDOSO SILVA NOGUEIRA

Graduação em Pedagogia – UNIRIO. Formação complementar: pós-graduação em Sociologia e Artes – FAVENI; pós-graduação em Psicopedagogia Clínica e Institucional – FAVENI; pós-graduação em Educação Especial e Inclusiva e Neuropsicopedagogia Institucional e Clínica – FAVENI; Capacitação Transtorno Espectro Autista (TEA). Palestrante sobre família/educação e TEA.

Contatos: leticia.cardoso0907@hotmail.com
Instagram: @leticia_cardosoneuropsico

MÔNICA VETSCH LICHOTE DE LIMA

Graduação em Odontologia pela UNIG e em Fonoaudiologia pela UVA. Curso de Extensão em Odontologia para Pacientes com Necessidades Especiais pela UNIG e atualização em Odontopediatria pela Reorthokids. Cirurgia em odontopediatria OSPB. Pós-graduada em em Linguagem: diagnóstico precoce e terapia com Bárbara Zollinger – Suíça. Curso de Imersão em Motricidade e Fonoaudiologia – Universidade da Flórida. Curso de Cirurgia e Bucomaxilofacial – CRO RJ, e de ABA, TEACCH, PECS, Comunicação Alternativa e ou Ampliada – Suíça. Palestrante sobre TEA: Brasil, Suíça e Portugal.

Contatos: monicavetsch@gmail.com
Instagram: @dra.monicavetschlichote

O autismo, ou transtorno do espectro autista (TEA), é uma condição neurológica permanente que afeta a sociabilidade, a comunicação e a capacidade lúdica. Esta disfunção pode se manifestar antes, durante ou após o nascimento, e acompanha a pessoa ao longo de toda a vida. O diagnóstico precoce, geralmente antes dos três anos de idade, é crucial para o desenvolvimento pleno, pois quanto mais cedo a intervenção, maiores as chances de promover o crescimento e a integração da criança.

Sabemos que o autismo é um tema discutido desde o início do século XX, com contribuições importantes de psiquiatras como Bleuler e Kanner. No entanto, é somente nas últimas décadas que temos visto avanços significativos no diagnóstico e na inclusão de pessoas com TEA.

A infância é um período em que a programação mental de uma criança – ou seja, o conjunto de crenças, valores e comportamentos que ela desenvolverá ao longo da vida – começa a se formar. Para crianças com TEA, essa programação pode ser significativamente influenciada pelas interações sociais e pelo ambiente educacional ao qual estão expostas, por isso, é essencial que o ambiente educacional para crianças com TEA seja inclusivo, empático, acolhedor e adaptado às suas necessidades individuais.

No Brasil, desde a Constituição de 1988 e a Lei de Diretrizes e Bases da Educação Nacional (LDB) de 1996, existe o entendimento de que todos têm direito à educação. O desafio atual é oferecer educação às pessoas com

TEA em escolas regulares, garantindo que sejam respeitadas suas diferentes maneiras de aprender. É necessário tratar o autismo com foco nas características individuais de cada aluno, evitando comparações com outros alunos, mas sim permitindo que cada um progrida em seu próprio ritmo.

Porém, as lacunas na formação de professores para atuar com alunos com TEA no Brasil são evidentes e alarmantes. Em uma revisão de 22 estudos sobre práticas pedagógicas desenvolvidas com alunos na escola regular, Azevedo (2017) observou que menos de 20% dos agentes educacionais tinham formação em educação especial, e nenhuma formação específica para autismo foi relatada. No estudo de Schmidt *et al.* (2016), mais da metade dos 29 professores de alunos com autismo não possuíam formação superior além da graduação em Pedagogia. Isso demonstra a necessidade urgente de uma formação mais robusta e especializada para que os educadores possam atender adequadamente às necessidades desses alunos.

Pesquisas contemporâneas reforçam a importância de ambientes educativos que promovam a inclusão e adaptem suas práticas às características individuais de cada criança. As percepções e atitudes dos pais em relação ao TEA podem ter um impacto significativo no desenvolvimento social e emocional das crianças. A reprogramação parental, que envolve a adoção de novas perspectivas e práticas informadas, pode ajudar a criar um ambiente mais positivo e de apoio para essas crianças.

A atuação do educador no contexto da inclusão é de total importância. É o educador, juntamente com toda a equipe escolar, quem confirma a inclusão desses alunos, viabilizando o conhecimento de modo significativo para que tais alunos tenham seu desenvolvimento constante, respeitando suas particularidades e seus desafios. O trabalho com pessoas com TEA requer um educador facilitador, sem preconceito e comprometido com a educação. Todos aqueles que fazem parte do universo escolar devem estar dispostos a abraçar essa causa, buscando continuamente qualificação profissional e contribuindo para o avanço dos estágios de desenvolvimento de seus alunos.

A reprogramação parental: uma nova abordagem para o apoio ao TEA

A reprogramação parental refere-se à transformação das crenças e atitudes dos pais em relação às necessidades e capacidades de seus filhos com TEA. Esse processo é fundamental para criar uma base sólida para o desenvolvimento dessas crianças.

A inclusão de alunos com TEA exige não apenas a adaptação dos métodos educacionais, mas também uma mudança na maneira como os pais percebem e interagem com seus filhos. Estudos recentes sugerem que a reprogramação parental, quando combinada com programas de treinamento baseados em evidências, pode levar a melhorias significativas no comportamento das crianças e no bem-estar dos pais.

Saad *et al.* (2022) mostram que o treinamento parental estruturado pode capacitar os pais a gerenciar melhor os desafios diários associados ao cuidado de uma criança com TEA, promovendo resiliência e uma abordagem mais positiva.

Métodos educacionais inovadores e sua relevância para o TEA

No contexto educacional, a aplicação de métodos inovadores tem se mostrado crucial para a inclusão efetiva de crianças com TEA. A Análise do Comportamento Aplicada (ABA) continua a ser uma das metodologias mais utilizadas, mas tem sido complementada por novas abordagens tecnológicas. Grzadzinski *et al.* (2021) destacam a eficácia da combinação de intervenções comportamentais com tecnologias assistivas, como aplicativos personalizados, que podem ser ajustados para atender às necessidades específicas de cada criança.

É preciso reconhecer também a importância de práticas educacionais que sejam sensíveis às necessidades individuais das crianças com TEA, com um sistema inclusivo que vá além da simples integração física dessas crianças em salas de aula regulares.

Métodos como o uso de realidade virtual (RV) e realidade aumentada (RA) estão emergindo como ferramentas poderosas para ajudar essas crianças a desenvolver habilidades sociais em ambientes controlados e seguros (Pallathra *et al.*, 2020).

Outros métodos incluem o Treinamento de Resposta Pivotal (PRT), que foca em áreas-chave do desenvolvimento, como motivação e resposta a múltiplos estímulos, e o Sistema de Comunicação por Troca de Figuras (PECS), utilizado para ajudar crianças não verbais a se comunicarem.

Temos a Educação Assistida por Tecnologia (EAT) e o Método TEACCH também, que se destacam por oferecerem uma estrutura visual e personalizada, essencial para o desenvolvimento educacional de crianças com TEA.

Empatia e reprogramação: transformando vidas no ambiente educacional

A empatia é um componente essencial da reprogramação tanto parental quanto educacional. No ambiente escolar, a prática de empatia pode transformar significativamente a experiência das crianças com TEA. Para que a inclusão seja bem-sucedida, é necessário um esforço conjunto de educadores, pais e colegas, que devem estar dispostos a compreender e responder às necessidades emocionais e sociais das crianças com TEA.

Estudos mostram que ambientes escolares inclusivos, que promovem a empatia e a compreensão mútua, não apenas melhoram os resultados educacionais para crianças com TEA, mas também beneficiam toda a comunidade escolar. Ratto *et al.* (2020) destacam que práticas inclusivas contribuem para reduzir o estigma e promovem uma cultura de aceitação e respeito, que é benéfica para todos os alunos.

Benefícios para pais, educadores e a sociedade

A reprogramação parental e educacional não traz benefícios apenas para as crianças com TEA; os pais que participam de programas de treinamento e que adotam novas perspectivas sobre o desenvolvimento de seus filhos relatam redução significativa no estresse e maior sensação de competência parental (Saad *et al.*, 2022).

Educadores que recebem treinamento especializado em práticas inclusivas também se beneficiam, pois se tornam mais capacitados para lidar com a diversidade em suas salas de aula, promovendo um ambiente de aprendizado mais equitativo e eficaz.

A sociedade como um todo se beneficia de práticas inclusivas e da reprogramação mental. Quando crianças com TEA são incluídas efetivamente na sociedade, elas têm a oportunidade de contribuir de maneira significativa, enriquecendo a diversidade e promovendo uma cultura de aceitação e respeito. A inclusão de crianças com TEA não é apenas um direito, mas uma necessidade para o desenvolvimento de uma sociedade mais justa e igualitária.

Ao promover uma compreensão mais profunda e um apoio mais eficaz, estamos construindo as bases para um futuro no qual todas as crianças, independentemente de suas diferenças, possam prosperar.

Referências

AZEVEDO, M. O. *Práticas pedagógicas desenvolvidas com alunos com transtorno do espectro autista na escola regular*: uma revisão integrativa da literatura. 2017. 153 f. Dissertação (Mestrado em Educação) – Universidade Federal do Rio Grande do Norte, Natal, 2017.

GRZADZINSKI, R.; LORD, C.; BISHOP, S. L. Social communication and repetitive behaviors in autism spectrum disorder and their associations with cognitive ability and anxiety. *Autism Research*, v. 14, n. 8, p. 1581-1591, 2021. Disponível em: https://doi.org/10.1002/aur.2521. Acesso em: 12 fev. 2025.

PALLATHRA, A. A.; CALKINS, M. E.; MEEHAN, B. T. Using virtual reality to enhance social skills in adolescents with autism spectrum disorder. *Journal of Autism and Developmental Disorders*, v. 50, n. 6, p. 2324-2339, 2020. Disponível em: https://doi.org/10.1007/s10803-020-04456-w. Acesso em: 12 fev. 2025.

RATTO, A. B.; KENWORTHY, L.; YERYS, B. E.; BASCOM, J.; WIECKOWSKI, A. T.; WHITE, S. W. The impact of inclusive education on children with autism spectrum disorder. *Autism Research*, v. 13, n. 2, p. 224-237, 2020. Disponível em: https://doi.org/10.1002/aur.2219. Acesso em: 12 fev. 2025.

SAAD, A.; MOORE, D. W.; ANDERSON, A. Parent training for autism spectrum disorder: a systematic review of parent outcomes. *Research in Autism Spectrum Disorders*, v. 92, p. 101931, 2022. Disponível em: https://doi.org/10.1016/j.rasd. Acesso em: 12 fev. 2025.

SCHMIDT, C.; NUNES, D. R. P.; PEREIRA, D. M.; OLIVEIRA, V. F.; NUERNBERG, A. H.; KUBASKI, C. Inclusão escolar e autismo: uma análise da percepção docente e práticas pedagógicas. *Psicologia: teoria e prática*, v. 18, n. 1, p. 222-235, 2016. Disponível em: https://doi.org/10.1590/2175-35392020217841. Acesso em: 12 fev. 2025.

SILVA, L. C. S. *Processos de inclusão do aluno com TEA no contexto educacional.* 2014. Trabalho de Conclusão de Curso, Universidade Federal do Rio de Janeiro, 2014.

CAPÍTULO 14

Parceria escola e família

Um caminho para inclusão e reprogramação parental

Este capítulo aborda a importância da parceria entre escolas e famílias na inclusão de alunos com autismo. A comunicação aberta é essencial para entender as necessidades dos alunos e adaptar estratégias pedagógicas. A família, ao compartilhar informações, ajuda a escola a criar um ambiente acolhedor. A reprogramação parental é apresentada como ferramenta para fortalecer essa relação, promovendo uma postura mais colaborativa e aberta ao diálogo.

Mayara Carneiro e Souza

MAYARA CARNEIRO E SOUZA

Terapeuta ocupacional, atua nas áreas de desenvolvimento infantil, consultoria e cursos na área de inclusão escolar. Sócia na clínica (RE) Integrar, Itajubá – MG, graduada pela Pontifícia Universidade Católica de Campinas, 2010. Especialização em Reabilitação Aplicada à Neurologia Infantil – Unicamp, 2012. Certificação Internacional em integração sensorial – USC, 2014, ofertado pela clínica Ludens, Campinas – SP. Pós-graduação em Intervenção Precoce no Autismo – CBI of Miami, 2018/2020. Curso de Formação em Transtorno do Espectro Autista: Intervenção e Inclusão, Inclusão Eficiente NE, 2023.

Contatos: mayara.carneiroto@gmail.com
Instagram: @to.mayaracarneiro
35 99845 2515

Introdução

Um processo educacional bem-sucedido deve ter como base o diálogo ativo e contínuo entre família e escola, superando assim os desafios associados à inclusão de pessoas com autismo.

A família é o primeiro contexto social em que a criança será inserida, vivenciando seus primeiros contatos sociais e desenvolvendo habilidades importantes para a sua vida. A escola, por sua vez, acolhe essa criança em seu contexto social e desempenha o papel de promover seu desenvolvimento intelectual, acadêmico e social.

No contexto da educação inclusiva de alunos com transtorno do espectro autista (TEA), essa parceria é ainda mais necessária, pois os alunos apresentam necessidades educacionais específicas que precisam ser compreendidas, apoiadas e amparadas. Para que isso aconteça de maneira eficaz, é fundamental que a escola esteja aberta ao diálogo e à escuta ativa, e que a família esteja disposta a participar ativamente desse processo. É aqui que a reprogramação parental se torna uma importante aliada. A transformação do olhar dos pais é um processo que proporciona à família reformular suas atitudes, crenças e expectativas a respeito do desenvolvimento dos seus filhos, principalmente quando se trata de uma criança com autismo.

Sendo assim, essa mudança na postura e no olhar atua como uma ferramenta na inclusão escolar e parceria entre família e educação, auxilia os pais a reavaliarem suas expectativas e a se envolverem de forma mais consciente, consistente e colaborativa na vida escolar do filho.

O papel da família e a reprogramação parental

A família é o primeiro e o principal contexto social em que a criança é inserida, por isso é fundamental a participação ativa na vida escolar dos seus filhos. As famílias que mudam a maneira de pensar a agir com as crianças proporcionam a elas um ambiente mais seguro, empático e acolhedor, e isso interfere direta e positivamente em seu desenvolvimento escolar.

Para uma criança com TEA, o papel da família é ainda mais relevante. Os pais atuam como principais defensores dos direitos da criança e devem se envolver nas decisões sobre a vida acadêmica dela. A reprogramação parental ajuda os pais a se tornarem mais conscientes de suas atitudes e do seu papel, incentivando uma comunicação clara e consistente com a escola, em vez de uma postura defensiva ou de negação, proporcionando, assim, uma troca construtiva e que beneficia o aluno.

Um aspecto fundamental para essa nova postura é que ela incentiva os pais a enxergarem a escola como parceira no processo de desenvolvimento do filho. Os pais são estimulados a compartilharem informações relevantes, como diagnósticos e estratégias que funcionam em casa, criando um canal de comunicação aberto, claro e colaborativo com a escola. Ao compartilhar essas informações, a família oferece à escola ferramentas valiosas para a criação de um ambiente mais acolhedor e personalizado, capaz de responder de maneira eficaz às necessidades do aluno.

Esse novo olhar também prepara os pais para serem atuantes na construção do plano de ensino individualizado (PEI) e no acompanhamento das estratégias pedagógicas. Os pais, reprogramados, saem da postura de somente fiscalizar o que a escola está fazendo e passam a compreender a importância de ter uma postura ativa nesse processo. Eles têm repertório para abordar os desafios que encontram com uma postura aberta e disposta a buscar soluções em conjunto com a equipe escolar.

Além disso, ao adotarem uma postura mais colaborativa, evitam a superproteção, compreendendo também que a escola é um ambiente de aprendizado não apenas acadêmico, mas também social e emocional. A família se torna, conjuntamente, facilitadora do processo de generalização de habilidades, promovendo em casa e em outros contextos oportunidades para que a criança pratique e consolide os conhecimentos adquiridos na escola. Isso cria uma dinâmica de apoio mútuo, pela qual a escola e a família trabalham em sintonia para o desenvolvimento integral da criança, contribuindo também para mudanças atitudinais de toda a comunidade escolar, reforçando o respeito e a empatia.

O papel da escola

A escola, como instituição de ensino, tem o dever de proporcionar um ambiente de equidade, acolhendo as diferenças e reconhecendo o potencial de cada aluno. Para receber alunos com TEA de maneira efetiva, não basta cumprir exigências legais e se limitar em criar adaptações físicas ou curriculares, é fundamental mudanças atitudinais de toda a comunidade escolar, prezando por um olhar empático e respeitoso para a neurodiversidade.

Os aspectos atitudinais estão relacionados à forma como a instituição pensa e age a respeito da inclusão, então, uma escola inclusiva deve promover uma cultura de respeito e acolhimento, onde cada criança é vista em sua individualidade e potencialidade.

Aqui, o papel dos pais é indireto, mas poderoso. Ao estabelecer uma parceria sólida com pais reprogramados, a escola ganha um aliado potente para a criação de práticas pedagógicas e atitudinais.

É dever da escola envolver as famílias nas tomadas de decisões e nas discussões que cercam o desenvolvimento acadêmico e emocional do aluno. Ao acolher esses pais, adotando uma postura de escuta ativa e de comunicação constante, a escola promove uma relação sólida e de confiança, fortalecendo todo o processo inclusivo e criando um ambiente oportuno e seguro para uma aprendizagem integral de todos os alunos.

Para que a escola mude a sua postura e mantenha-se no caminho da inclusão, é necessário o investimento em formação e capacitação de todos os profissionais. Promover capacitações voltadas ao desenvolvimento atípico, ao autismo, e também estratégias pedagógicas inclusivas, isso tudo é fundamental para que a escola se torne um espaço efetivamente inclusivo.

Outra ação importante é a disponibilidade para receber a equipe multiprofissional que acompanha o aluno, como terapeutas ocupacionais, fonoaudiólogos e psicólogos. Essa parceria entre escola, família e equipe multiprofissional possibilita a construção de planos de ações mais eficientes e alinhados com as necessidades individuais do aluno, possibilitando as chances de um processo de aprendizagem efetivo

A parceria: escola e família como engrenagens do processo inclusivo

Após cada parte compreender seu papel, é importante que a parceria seja colocada em prática, respeitando os limites e as responsabilidades de cada um. Família e escola são aliadas no processo de inclusão, e o principal objetivo dessa parceria é o sucesso acadêmico e o desenvolvimento integral da criança.

A reprogramação parental mostra-se uma ferramenta fundamental para criar essa harmonia. Pois os pais adotam uma postura facilitadora e colaborativa nesse processo, o trabalho em conjunto entre as partes é crucial para encontrar soluções individualizadas para o aluno. Essa postura colaborativa, que vai além de somente fiscalizar se as leis estão se cumprindo, torna-se motivadora para as ações inclusivas.

É importante que a parceria se paute na comunicação funcional e eficiente. É necessário que sejam realizadas reuniões periódicas entre família, equipe multiprofissional e escola, para alinhar estratégias, metodologia e expectativas. A parceria entre as partes, com uma relação de cooperação e estreitamento dos laços, possibilita o desenvolvimento da construção de um diálogo mútuo e enfrentamento dos desafios que a sociedade impõe.

Essa nova perspectiva dos pais os ajudará a lidarem com esses encontros de maneira construtiva, focando em soluções em vez de problemas, e contribuindo com sugestões que refletem um olhar positivo e empático sobre o desenvolvimento da criança.

A metáfora da engrenagem ilustra bem essa parceria. Para o funcionamento pleno de uma engrenagem, é necessário que as partes estejam cumprindo seus papéis de maneira harmônica, assim como na parceria entre família e escola.

A parte da escola é projetada para desenvolver habilidades e estimular o desenvolvimento acadêmico e social. Ela se movimenta ajustando-se constantemente às necessidades dos alunos, como uma engrenagem que se adapta ao peso que precisa suportar. Por outro lado, a parte da família fornece o suporte emocional e é a base que permite à escola operar com eficiência.

É por meio de diálogo, respeito, empatia, conhecimento e compreensão que essas engrenagens se encaixam e funcionam em perfeita harmonia. As reuniões e a comunicação clara entre a equipe escolar e a família mantêm todo o sistema em funcionamento e evitam atritos. Esse processo colaborativo permite que cada parte compreenda as necessidades e os desafios da outra, ajustando-se em tempo real para promover o desenvolvimento da criança.

No entanto, quando uma dessas engrenagens falha, o progresso é comprometido. A falta de colaboração entre escola e família pode gerar ruídos, desgastes e, eventualmente, bloquear o progresso do aluno. A reprogramação parental auxilia os pais a evitarem esse cenário, encorajando-os a assumir uma postura colaborativa e a reconhecer a importância do papel da escola na vida de seu filho.

Essa parceria ultrapassa o mero cumprimento de normas e leis, ela promove mudanças atitudinais, conscientização e um processo educativo verdadeiramente inclusivo. Os pais, ao se reprogramarem, tornam-se defensores e apoiadores ativos, capazes de contribuir para que a criança se desenvolva plenamente, tanto no ambiente escolar quanto no familiar.

Conclusão

A parceria entre escola e família é um dos principais facilitadores no processo de inclusão, especialmente para alunos com TEA. E a (re)programação parental é uma ferramenta valiosa que potencializa essa parceria, permitindo aos pais ressignificarem suas atitudes, adotando uma postura mais colaborativa e mais aberta.

Por fim, a metáfora da engrenagem reforça ainda mais a importância dessa parceria. Quando a família e a escola trabalham juntas, o movimento é fluido e harmonioso, permitindo que a criança se sinta segura e confiante para enfrentar os desafios. As reuniões, a comunicação constante, a empatia e o respeito mútuo são os elementos que mantêm essa engrenagem funcionando de forma plena, promovendo, assim, um ambiente inclusivo e acolhedor.

Se uma das partes não cumpre seu papel, todo o sistema fica comprometido. A reprogramação parental oferece aos pais as ferramentas necessárias para evitar que isso aconteça, promovendo um compromisso mútuo em torno de um objetivo comum: o sucesso e o desenvolvimento integral da criança. Juntas, escola e família não apenas garantem que a engrenagem da inclusão escolar funcione, mas também criam um processo educativo rico e transformador, no qual cada criança é valorizada e seu potencial, celebrado.

Assim, ao girarem em conjunto, escola e família promovem um ambiente onde a diversidade é vista como um valor, e o desenvolvimento da criança, como uma jornada coletiva de aprendizado e crescimento.

Referências

ANTUNES, M. de F. N. *O papel da família e do educador na inclusão dos alunos com necessidades educacionais especiais no ensino regular*. 2021. Disponível em: https://www.nucleodoconhecimento.com.br/educacao/papel-da-familia. Acesso em: 8 dez. 2024.

CANDEIAS, A. A. (coord.). *Educação inclusiva*: concepções e práticas. Edição Évora: Centro de Investigação em Educação e Psicologia (CIEP), 2009. Universidade de Évora, Portugal.

KUHN, A.; MATOS, M. J. L. *A importância da parceria entre familiares e escola para a inclusão de alunos com deficiência nos anos iniciais do ensino fundamental*. Trabalho de Conclusão de Curso (Pedagogia) – Unicentro, Prudentópolis/PR.

MATURANA, A. P. P. M. (Faculdades Integradas de Jahu – Jaú). CIA, Fabiana (Universidade Federal de São Carlos – São Carlos – SP). Educação especial e a relação família-escola: análise da produção científica de teses e dissertações. *Psicologia Escolar e Educacional*, v. 19, n. 2, p. 349-358, ago. 2015. Disponível em: https://www.scielo.br/j/pee/a/Kv8qmQtcMYPQ7DpLq9Dcxnc/?lang=pt#. Acesso em: 8 dez. 2024.

SANTOS, V. C. da R. *Família, uma aliada a educação inclusiva?* 2015. Trabalho de Conclusão de Curso (Especialização em Desenvolvimento Humano, Educação e Inclusão Escolar) – UnB/UAB, Brasília. 2015.

SciELO – Brasil – Educação Especial e a Relação Família – Educação Especial e a Relação Família – Escola: Análise da produção científica de teses e dissertações.

SOUZA, T. T.; BENÍCIO, E. R. *O papel da família na educação inclusiva.* Instituto Federal Goiano. Disponível em: https://repositorio.ifgoiano.edu.br/bitstream/prefix/2969/1/tcc_Thais%20Teixeira%20de%20Souza.pdf. Acesso em: 8 dez. 2024.

CAPÍTULO 15

Desvendando mitos e construindo caminhos

Neste capítulo, compartilho minha jornada como mãe e terapeuta ocupacional, abordando os principais mitos que cercam o autismo. Desconstruo crenças como a ideia de que "cada criança tem seu tempo" e a culpabilização materna, e destaco a importância de intervenções baseadas em evidências. O texto convida à reprogramação parental e ao olhar inclusivo para crianças e adultos autistas.

Michelle Casali

MICHELLE CASALI

Terapeuta ocupacional formada pela Universidade Católica Dom Bosco, com pós-graduação em Terapia Ocupacional em Saúde Pública e especialização em Reabilitação de Mão pela USP. Atua há mais de 18 anos no desenvolvimento infantil e é sócia e gestora de três unidades do Instituto Nuvem, referência em atendimento infantil. Possui certificação internacional em integração sensorial, formação no Modelo Denver de Estimulação Precoce e no conceito neuroevolutivo Bobath. Participou de imersões internacionais no Chile, na Itália e na Argentina, e do projeto "Capacitar para Cuidar", em Angola. Com vasta experiência clínica, atua como supervisora e já realizou inúmeros cursos nacionais e internacionais na área do TEA. É também palestrante e empresária, liderando uma equipe multidisciplinar e promovendo ações que transformam a vida de crianças e suas famílias.

Contatos: michellecasali@hotmail.com
Instagram: @michellecasali.to
66 99222 0561

Minha jornada como terapeuta ocupacional começou no mesmo ano em que me tornei mãe. Formei-me e, logo depois, enfrentei os desafios de criar meu filho, que mais tarde foi diagnosticado com TDAH, dislexia e outras condições. Essa experiência me colocou frente a frente com a realidade das terapias e adaptações necessárias para garantir seu desenvolvimento pleno.

Enquanto trilhava esse caminho, passei a conviver com outras mães que lutavam pelas terapias e pela inclusão de seus filhos autistas. Essa convivência me fez retornar ao meu propósito inicial: trabalhar com o desenvolvimento infantil, agora com uma compreensão mais profunda do que realmente é necessário para transformar vidas.

Foi nesse retorno que percebi que o autismo não afeta apenas a criança diagnosticada, mas impacta também toda a família e a sociedade. Mitos e preconceitos sobre o transtorno do espectro autista (TEA) não apenas dificultam o acesso ao tratamento, mas também reforçam o isolamento e sobrecarregam essas famílias. Acredito que o conhecimento é a chave que nos liberta de julgamentos e estigmas, permitindo que pais, educadores e a sociedade se tornem protagonistas no processo de evolução dessas crianças.

Este capítulo é um convite para desmistificar o autismo e entender como a reprogramação parental pode ser uma ferramenta poderosa na construção de uma educação inclusiva. Ao ultrapassarmos os mitos, criamos um caminho mais acolhedor e cheio de possibilidades para todas as crianças, suas famílias e a sociedade.

A culpabilização materna: desconstruindo o conceito de "mãe geladeira"

O termo "mãe geladeira" surgiu na década de 1940, quando o psiquiatra Leo Kanner sugeriu que o autismo era resultado de mães frias e pouco afetivas. O psicanalista Bruno Bettelheim reforçou essa ideia, comparando-as a geladeiras, incapazes de nutrir amor. Embora desmentido há décadas, esse conceito ainda persiste de forma sutil em nossa sociedade.

Em meu consultório, ouvi mães compartilharem histórias de dor e culpa. Uma delas, em lágrimas, relatou que um médico a culpou pelo comportamento do filho, dizendo: "Você não brinca com ele, não é?" Outra mãe contou que sua família realizou uma cerimônia religiosa, acreditando que um espírito havia possuído seu filho devido a sua falta de fé.

Esses relatos mostram que o julgamento sobre as mães persiste, atribuindo a culpa por fatores como uso de telas ou "não corrigir adequadamente". Esses mitos ignoram que o autismo é uma condição neurobiológica multifatorial. Pesquisas como a de Grove *et al.* (2019) mostram que o autismo resulta da complexa interação entre fatores genéticos e ambientais. Culpar as mães é injusto e desvia a atenção das reais necessidades da criança e da família.

O impacto dessa culpa é devastador: muitas mães evitam ambientes públicos e até mesmo a família por medo de julgamentos, isolando-se e carregando um peso que não deveriam carregar. Precisamos mudar nosso olhar da culpa para a empatia, reconhecendo que as mães são aliadas no desenvolvimento dos filhos, não as culpadas.

Mitos sobre as causas do autismo: vacinas, agrotóxicos e outros fatores

Um dos mitos mais persistentes é de que o autismo seria causado por fatores externos, como vacinas, agrotóxicos ou práticas parentais. Essa crença ganhou força com o estudo de Andrew Wakefield (1998), que sugeria uma ligação entre a vacina tríplice viral e o autismo. Posteriormente, o estudo foi desacreditado e Wakefield perdeu sua licença médica. Uma pesquisa mais abrangente de Hviid *et al.* (2019), envolvendo 650.000 crianças, confirmou que não há relação entre vacinação e autismo.

Em Mato Grosso, uma região do agronegócio, muitos pais me perguntam sobre a influência dos agrotóxicos. A ciência não comprovou se há um aumento real de casos de autismo devido à exposição a esses produtos; o que vimos é um aumento nos diagnósticos, resultado de maior conscientização e critérios mais precisos.

Recordo-me de uma família que acreditava que o autismo do filho foi causado por uma vacina que ele tomou antes de apresentar sinais de regressão. Com medo, decidiram não vacinar o segundo filho, que acabou contraindo uma doença evitável, o que foi devastador. Isso reforça a importância de informações corretas e baseadas em evidências.

Pesquisas recentes mostram que o autismo é multifatorial, envolvendo fatores genéticos, ambientais e hereditários. Há estudos que associam o uso de maconha durante a gestação, exposição ao ácido valproico e infecções na gravidez a um maior risco de TEA.

O mito de que cada criança tem seu tempo

É comum ouvir pais dizendo que "cada criança tem seu tempo" para justificar atrasos no desenvolvimento. Embora o ritmo possa variar, há marcos de desenvolvimento que, se não atingidos, devem acender um sinal de alerta. Ignorar esses sinais esperando que a criança "aprenda quando estiver pronta" pode resultar em oportunidades perdidas para uma intervenção precoce.

Uma mãe que atendi contou que seu filho, aos três anos, ainda não falava. Mesmo após consultar dois médicos e um fonoaudiólogo, foi convencida de que estava exagerando e que ele falaria "quando fosse o momento". A família paterna também reforçou essa crença, pois o pai havia demorado a falar. Quando o menino entrou na escola, e suas dificuldades se tornaram evidentes, veio o diagnóstico de autismo. A mãe lamentou o tempo perdido, pois a intervenção precoce poderia ter feito uma grande diferença. Curiosamente, o pai também recebeu o diagnóstico de autismo mais tarde.

A avaliação do desenvolvimento infantil deve considerar o contexto regional e cultural, mas isso não pode justificar a negligência aos sinais de alerta. Cada dia conta. E a janela de neuroplasticidade do cérebro é mais aberta a estímulos nos primeiros anos. A intervenção precoce é essencial para maximizar o potencial de desenvolvimento de cada criança.

Nível 1 de suporte e a invisibilidade de suas lutas

Um dos mitos mais comuns é o de que todo autista é superdotado. Na verdade, apenas 2% a 10% dos autistas apresentam superdotação, enquanto até 40% têm deficiência intelectual, segundo o Centro de Controle e Prevenção de Doenças (CDC). Mesmo nos casos de superdotação, essas habilidades costumam vir acompanhadas de barreiras emocionais e sensoriais, que dificultam a expressão plena dos talentos e desmentem a ideia de que não enfrentam desafios.

Lembro de um menino que atendi, que tinha um vasto conhecimento em Geografia, quase como um "Google Maps humano" (aplicativo de mapas). Apesar disso, sua dificuldade em falar sobre outros assuntos o impedia de se conectar socialmente. Na escola, embora fosse brilhante, não conseguia fazer amigos. Sem o suporte de um auxiliar especializado, que o ajudasse nas interações, acabou sendo alvo de bullying e excluído, tornando o ambiente escolar insuportável para ele.

Outro aspecto é o "mascaramento", especialmente em meninas e mulheres autistas, que se esforçam para esconder seus traços a fim de se encaixarem nas expectativas sociais. Esse esforço constante gera alto custo emocional, levando a ansiedade e depressão. Comentários como "mas ela parece tão normal" ignoram o desgaste que essas pessoas enfrentam diariamente para se ajustarem.

Pais de crianças com nível 1 de suporte frequentemente enfrentam resistência ao buscarem apoio escolar, já que seus filhos aparentam ser independentes. No entanto, esses jovens precisam de ajuda em comunicação, interação social e regulação sensorial. Reconhecer que o autismo não tem características físicas visíveis e que os desafios do nível 1 de suporte são legítimos é fundamental para assegurar direitos e promover uma inclusão verdadeira.

Desmistificando a comunicação aumentativa: uma aliada no desenvolvimento da fala

Outro mito comum é a crença de que o uso da comunicação aumentativa e alternativa (CAA) pode prejudicar ou impedir o desenvolvimento da fala em crianças com autismo. Na verdade, pesquisas científicas mostram que o uso de sistemas de CAA, como figuras, aplicativos de comunicação e gestos, não só não atrapalha, como muitas vezes estimula o desenvolvimento da comunicação verbal. A CAA serve como um suporte para que a criança compreenda e se faça entender, reduzindo a frustração e incentivando a interação social. À medida que a criança se sente mais segura e compreendida, há um aumento natural das tentativas de se comunicar verbalmente. Portanto, o uso da CAA deve ser visto como uma ferramenta valiosa para enriquecer o processo de comunicação e não como um obstáculo ao desenvolvimento da fala.

Mito da mercantilização e a realidade das intervenções baseadas em evidências científicas

Há um preconceito de que as terapias intensivas para crianças com TEA são apenas um comércio lucrativo, ideia propagada especialmente pelos planos de saúde que dificultam o acesso a essas terapias. No entanto, o National Autism Center (NAC) reconhece várias intervenções cientificamente comprovadas, como a Análise do Comportamento Aplicada (ABA), o Modelo Denver de Intervenção Precoce (ESDM), a Integração Sensorial e o Treinamento Parental. Para que sejam eficazes, é imprescindível que o profissional seja qualificado, o que demanda investimento em formação.

Infelizmente, há profissionais que se apresentam como especialistas sem a devida qualificação, prejudicando os resultados e reforçando a ideia de que o tratamento não funciona. Por isso, é crucial que as famílias investiguem a formação de quem acompanhará seus filhos.

Para muitas famílias, o custo de uma intervenção intensiva é inviável, mas o treinamento parental, com comprovação científica, pode ser uma alternativa eficaz.

Lembro-me de uma mãe que foi selecionada para o projeto "Nuvem Social 2024" e recebeu treinamento para aplicar a estimulação em casa. Em quatro meses de supervisão, o filho voltou a se desenvolver e começou a se comunicar verbalmente, graças ao empenho e ao amor da mãe.

Descredibilizar as terapias com evidências científicas abre espaço para o charlatanismo, expondo crianças a métodos não comprovados e até perigosos. Muitos pais, desesperados, acabam investindo em promessas falsas, prejudicando não só o desenvolvimento, mas também a saúde dos filhos. Portanto, é essencial buscar tratamentos com base científica, garantindo que a criança receba o suporte que realmente fará a diferença em sua vida.

O mito de o autismo ser apenas uma condição infantil

Há um equívoco comum de que o autismo afeta apenas crianças, como se desaparecesse com a idade. Na verdade, o TEA é uma condição para a vida toda e os desafios mudam ao longo do tempo, mas não desaparecem.

Um dos principais desafios para adultos autistas é a inclusão no mercado de trabalho. Cerca de 85% deles estão desempregados ou subempregados, mesmo possuindo habilidades valiosas. O preconceito e a falta de compreensão levam muitos a ocultar seu diagnóstico, dificultando a integração profissional.

Programas de inclusão e moradias assistidas são fundamentais para oferecer suporte e autonomia a esses indivíduos, mas ainda são pouco difundidos no Brasil. Esses modelos têm grande potencial para melhorar a qualidade de vida dos adultos autistas.

A história de Enã Rezende exemplifica essa realidade. Na infância, ele recebeu um diagnóstico incorreto e ouviu de uma professora que nunca aprenderia a ler. Mais tarde, ao receber o diagnóstico correto de TEA, decidiu perseguir seu sonho de cursar medicina, mesmo enfrentando preconceitos na faculdade. Em meio ao sofrimento pelas dificuldades com sua inclusão, sua mãe, Érica Rezende Barbieri, criou o Projeto Autismo na

Escola, com objetivo de promover informações sobre o TEA para professores e alunos. Hoje, ele é médico e se especializa em neurologia, mostrando que o autismo não é um impedimento para o sucesso.

A jornada de Enã reflete a realidade de muitos adultos autistas que enfrentam barreiras e preconceitos ao longo da vida. Ao reconhecermos e apoiarmos essas pessoas em todas as fases, enriquecemos a sociedade e promovemos uma verdadeira inclusão. A inclusão de adultos autistas não é apenas um ato de justiça, mas uma oportunidade de crescimento para todos nós.

Conclusão

Desmistificar o autismo é mais do que desconstruir crenças; é um convite para a reprogramação parental, para que possamos ressignificar o papel das famílias e profissionais na vida das pessoas com TEA. O conhecimento nos liberta de preconceitos e empodera pais e educadores a se tornarem protagonistas na jornada de evolução de seus filhos. Quando deixamos de lado mitos e abraçamos práticas baseadas em evidências, abrimos espaço para uma educação inclusiva e transformadora, na qual crianças e adultos autistas têm a oportunidade de expressar todo o seu potencial. A verdadeira inclusão começa quando entendemos que reprogramar nossas atitudes e crenças é o caminho para criar um ambiente acolhedor, onde a diversidade é celebrada e cada indivíduo tem a chance de florescer. Que essa reflexão se transforme em ações concretas, e que juntos possamos construir uma sociedade que valorize a diferença e promova a igualdade de oportunidades para todos.

Referências

GROVE, J. *et al.* Identification of common genetic risk variants for autism spectrum disorder. *Nature Genetics*, 51, 431-444, 2019.

HVIID, A. *et al.* Measles, mumps, rubella vaccination and autism: a nationwide cohort study. *Annals of Internal Medicine*, v. 170, n. 8, p. 513-520, 2019.

NATIONAL AUTISM CENTER. *National Standards Report (Phase 2)*. The National Autism Center at May Institute, 2015.

WAKEFIELD, A. J. *et al.* Ileal-lymphoid-nodular hyperplasia, non-specific colitis, and pervasive developmental disorder in children. 1998. *The Lancet*, v. 351, n. 9103, p. 637-641, Feb. 1998.

CAPÍTULO 16

A relação da motricidade fina com o transtorno do espectro do autismo

Os aspectos que envolvem a motricidade fina vão além de segurar um lápis. Portanto, este capítulo tem por objetivo auxiliar a compreender o desenvolvimento, possíveis atrasos e estratégias de intervenção para estimular essa habilidade tão fundamental nas atividades do dia a dia. Qual o impacto do transtorno do espectro do autismo nessa habilidade? Vamos ler as próximas páginas para descobrirmos.

Natália Andrade de Camargo Rocha

NATÁLIA ANDRADE DE CAMARGO ROCHA

Terapeuta Ocupacional pela Unesp/Marília. Mestra em Ciências pela Faculdade de Medicina de Botucatu. Título de Especialista em Terapia Ocupacional no Contexto Hospitalar pelo COFFITO. Especialista em Terapia Ocupacional nos Contextos Hospitalares pela Faculdade de Ciências Médicas da Santa Casa de São Paulo, Terapia Ocupacional: uma Visão Dinâmica em Neurologia pela Faculdade Método de São Paulo, Neuropsicologia pelo Centro de Diagnóstico Neuropsicológico, Transtorno do Espectro do Autismo pela Pólis Civitas. Certificada internacionalmente em Integração Sensorial pela Universidade do Sul da Califórnia (n. 2327). Certificada em Denver II. Formação em Ensino Estruturado, PECS, Práxis Avançada, Desfralde, TEA na vida Adolescente e Adulto, Seletividade Alimentar, Motricidade Fina, Processamento Somatossensorial, Responsividade Sensorial, Síndrome de Down. Equoterapeuta pela ANDE Brasil. Coordenadora e Docente de pós-graduação. Palestrante, Supervisora Clínica. Proprietária e Empreendedora do Grupo MultiNeuro.

Contatos: n.acrocha01@gmail.com
Instagram: @tonataliarocha
11 97460 4394

Antes de escrever, essa mão precisa manipular objetos, rasgar papéis, brincar.

Desde pequena, sempre fui muito questionadora. Queria saber o porquê de tudo. Minha mãe ficava enlouquecida com tantas perguntas. Uma vez, ainda na alfabetização, perguntei à minha querida professora Marielza: "Por que só a letra i tem pingo?". Fico imaginando-a pensando "o que passa na cabeça dessa criança?".

Então, ainda sendo uma questionadora, quero te provocar a pensar se você, familiar, se lembra de quando foi que seu filho segurou um objeto pela primeira vez, de forma voluntária e não como reflexo? Quando ele pegou um cisco no chão com o dedo indicador e o polegar, fazendo aquela pinça mais linda? Quando seu bebê transferiu um objeto de uma mão para a outra ou quando bateu um brinquedo no outro como se fossem palmas?

Eu disse que seria provocação! Não se sinta julgada. Você, como família, é condicionada a pensar em outras habilidades do desenvolvimento. Normalmente, os cadernos de vacinação e as perguntas de puericulturas são voltadas para algo mais amplo, como quando rolou, engatinhou e, se o fez, se foi com quatro apoios.

Normalmente, observa-se a motricidade fina quando a criança vai para a escola e mais evidentemente ainda na pré-escola. Essa fase é quando as habilidades de motricidade fina são mais solicitadas e ficam em evidência, como a forma com que a criança está segurando o lápis, como utiliza a tesoura, se consegue pintar dentro do espaço, se consegue usar os talheres de forma independente, e por aí vai.

Motricidade fina é muito além de escrever!

Mas como observar o desenvolvimento da motricidade fina? É importante conhecer qual o seu significado, as fases do desenvolvimento, a evolução das habilidades que são pré-requisitos, sinais de alerta. E, como o objetivo deste capítulo, compreender qual a correlação com o TEA.

Motricidade fina é considerada a maneira como usamos os braços, mãos e dedos, como segurar, abraçar, agarrar, pinçar, manipular objetos, de forma precisa, sendo essencial para a interação do indivíduo com o meio, como nas atividades de vida diária (escovar os dentes com a escova de dente, pentear os cabelos com o pente, ensaboar-se com o sabonete, amarrar o cadarço, pintar com o giz, recortar com a tesoura, entre outras).

Alguns autores referem também que são habilidades com o uso de pequenos músculos que envolvem movimentos que requerem o funcionamento das extremidades para manipular os objetos.

Desenvolvimento da motricidade fina

O desenvolvimento é contínuo e começa desde a vida intrauterina, acompanhando o desenvolvimento motor global. Quando há atraso, prejudica-se a autoestima e o aprendizado escolar.

A criança desenvolve o controle motor a partir dos músculos maiores (tronco, ombros e braços), evoluindo para os menores e especializados (mãos e dedos), sendo assim, do centro do corpo (proximal) para as extremidades (distal). A evolução acontece da habilidade de **alcançar** (uso do ombro e do cotovelo) para **preensão** (mão) e **manipulação** (dedos).

A motricidade fina só se desenvolve após a criança ter dominado os movimentos de grandes músculos.

Do zero aos nove meses, a criança desenvolve a preensão, evoluindo da preensão palmar até a preensão digital superior.

Até os quatro anos e meio, a criança evolui para a pinça trípode dinâmica, a qual é utilizada até a vida adulta.

Por volta dos seis anos, a criança apresenta a lateralidade desenvolvida, conseguindo definir se será destra ou canhota.

Mas atenção: para desenvolver a pinça adequada, a criança precisa alcançar pré-requisitos, pois, se evoluir incorretamente, "desaprender" o incorreto será muito difícil.

A Pirâmide de Aprendizado de Williams e Schellenberger (1996) (Figura 1) nos mostra que a base de todo o processamento motor até o cognitivo é o processamento sensorial.

Diante disso, para o desenvolvimento da motricidade fina é necessário que haja maturação de competências: consciência corporal (propriocepção), estabilidade postural, coordenação motora bilateral, planejamento motor, modulação sensorial, processamento da informação tátil e vestibular, integração sensorial, controle ocular e visomotor, percepção visuoespacial.

Figura 1: Pirâmide de aprendizado.
Fonte: Williams & Schellenberger, 1996.

O atraso na motricidade fina manifesta-se com prejuízos funcionais ao realizar as tarefas do dia a dia, como autocuidado, dificuldade nas atividades escolares (uso da tesoura, segurar o lápis de forma imatura, velocidade de escrita alterada, cansaço fácil em atividades de escrita), não gostar de participar dessas tarefas escolares, dificuldade no manuseio de talheres, segurar o copo com as duas mãos.

Relação entre a motricidade fina e o transtorno do espectro do autismo

Crianças com TEA apresentam prejuízos no desenvolvimento motor, inclusive o fino, o que causa impacto significativo em todos os contextos.

Mesmo não se sabendo qual a causa específica do atraso motor, pode-se dizer que existem anormalidades no Sistema Nervoso Central, em estruturas que são responsáveis pelo desenvolvimento em questão.

Mesmo não sendo um critério diagnóstico, o atraso na motricidade foi relatado por Leo Kanner desde 1943.

Podemos destacar o prejuízo no controle motor, no planejamento e na execução de sequência motora, controle ocular, na aprendizagem motora, no processamento sensorial.

Portanto, amarrar o cadarço, escovar os dentes, amarrar os cabelos, pintar dentro do espaço, segurar o lápis adequadamente, recortar, brincar, abotoar, escrever, digitar, imitar gestos, entre outras, se tornam atividades desafiadoras para crianças com TEA.

Um dos adendos que sempre incluo em palestras e cursos é a importância da conscientização sobre o registro das atividades escolares por escrito, em especial com uso da caligrafia cursiva. Para as crianças com TEA, fazer esse registro se torna um imenso desafio, o qual pode gerar comportamentos disruptivos.

Desafio você, professor que está lendo este livro, a repensar na possibilidade de registro para as crianças com TEA.

Pensando em todo o contexto do atraso na motricidade fina nesse caso, é de se considerar que, além de treinos, existam adaptações para realizar as atividades de vida diária (autocuidado, higiene, alimentação), na escola e no brincar, para que haja independência, autonomia e qualidade de vida.

Processamento sensorial no TEA e a motricidade fina

O processamento sensorial no TEA é descrito no Capítulo 18 deste livro. Aqui, vou especificar características específicas relacionadas à motricidade fina.

Diante disso, destacam-se a dificuldade em manter a postura adequada para se manter sentado; manter a posição corporal adequada; falha na pressão ao segurar o lápis (tanto para mais, quanto para menos), podendo ser uma falha no registro somatossensorial (processamento tátil e proprioceptivo); pressão do lápis no papel, podendo ser visto no quanto a letra está escrita de forma mais escura ou mais clara; esquiva para segurar o lápis ou participar de atividades que envolvam texturas; tamanho da letra; espaçamento das letras e das palavras; espelhamento das letras e números; dificuldade para amarrar o cabelo e/ou o cadarço; recortar com uma mão e segurar o papel com a outra, entre outras habilidades.

Essas dificuldades não são solucionadas em atividades isoladas, mas sim por meio da abordagem da Integração Sensorial, a qual não trarei neste capítulo para não ser repetitiva.

E, considerando o tópico anterior e este em questão, a falha no processamento motor começa no processamento sensorial. Isso porque as respostas motoras são resultado das entradas sensoriais e da integração dos estímulos sensoriais de forma neurológica.

Diante disso, destaco a importância de compreender que a falha no processamento sensorial que é observada no TEA é evidente como um critério essencial ao avaliar os componentes de desempeno da motricidade fina e suas consequências.

Intervenção terapêutica

A partir do exposto, entende-se a necessidade de intervenção em crianças com TEA, a fim de que possam aprimorar suas habilidades motoras finas, para minimizar possíveis déficits.

As intervenções para esse contexto devem ser direcionadas, especializadas e cautelosas. Não é porque a criança está com dificuldade na escrita que a intervenção é direcionada para treino de repetição em cima de pontilhados. A análise do caso clínico precisa iniciar-se no processo de avaliação de base sensorial até a motora, considerando a pirâmide apresentada.

Entre as estratégias e atividades para estimular a coordenação motora fina encontram-se:

- **Dominância manual e cruzamento da linha média**: brinquedos de rosquear, cortar com uso da tesoura, pegar peças do lado contralateral, transferência de objetos.
- **Estabilidade da extensão do punho**: uso de planos inclinados e verticais (cartolinas na parede, espelhos, entre outros), brincar de massinha, pintar com cotonete.
- **Arco da mão**: segurar um objeto com a palma das mãos e não o deixar cair, tocar as pontas dos dedos com o polegar, cortar, amassar, apertar massinha.
- **Fortalecer os músculos das mãos e dos dedos**: usar pinças para pegar objetos, fazer bolinhas com massinha, brincar com prendedores e elásticos, usar borrifadores.
- **Flexibilidade para movimentos circulares**: usar aramados, alinhavos, pintar com os desenhos presos na mesa, colocar macarrão em escorredor de macarrão, amarrar cadarço.
- **Atividades sensoriais**: brincar de carrinho de mão, atividades de força, brincar com texturas desde secas a molhadas (conforme a tolerância da criança).
- **Dissociação dos dedos e pinça**: adesivos em desenhos, usar o lápis com indicador, polegar e terceiro dedo, enquanto os outros dois dedos seguram um objeto.

Por vezes, além de fazer as estimulações, é importante pensar em adaptações para conseguir realizar as atividades necessárias, como uso do plano inclinado, tesouras de recorte adaptadas, engrossadores de lápis, uso de texturas no lápis.

É comum o uso do adaptador de lápis para casos em que a criança tem dificuldade para segurar o lápis adequadamente. A prescrição de tal tecnologia assistiva deve ser feita por um terapeuta ocupacional, pois esse profissional avaliará os componentes de desempenho envolvidos e indicará o melhor tipo de material, considerando os modelos existentes, a anatomofisiologia das mãos, o processamento sensorial e outras características necessárias.

Motricidade fina e a reprogramação parental

A reprogramação parental (RA) é um recurso valioso para guiar os pais no desenvolvimento de práticas que incentivem a motricidade fina em seus filhos, adaptando atividades que sejam lúdicas e acessíveis.

No processo de RA, os pais são orientados a promover a estimulação adequada e contínua dessas habilidades, incorporando intervenções terapêuticas no cotidiano da criança. Técnicas como o uso de jogos de encaixe, atividades com massinhas ou desenhos, adaptados ao nível de habilidade da criança, podem fazer parte da rotina familiar.

Para pais de crianças com TEA, compreender as necessidades específicas de seus filhos e adotar uma abordagem que respeite o tempo e o ritmo de aprendizado é crucial. A RA propõe não apenas que os pais participem ativamente dessas práticas, mas também que reajam de forma mais positiva e proativa às dificuldades da criança.

Esse processo exige também que os pais se tornem modelos de calma e paciência, criando um ambiente de apoio e encorajamento. A RA não se resume a ensinar técnicas motoras e sensoriais, mas transformar a maneira como os pais interagem com seus filhos durante o desenvolvimento dessas habilidades. É importante que os pais sejam sensibilizados para os progressos, por menores que sejam, e que celebrem cada avanço, reforçando o vínculo afetivo e a autoconfiança da criança.

O envolvimento ativo e informado dos pais é fundamental para o sucesso no desenvolvimento da motricidade fina, promovendo autonomia e funcionalidade na vida diária.

Conclusão

A motricidade fina está prejudicada em crianças com TEA. O controle dos pequenos músculos das mãos e dos dedos pode estar comprometido devido a dificuldades na coordenação motora ou questões sensoriais, comuns no transtorno do espectro autista. Essas dificuldades interferem diretamente na independência das crianças, prejudicando sua capacidade de realizar tarefas que exigem precisão e controle.

De todos os pontos de vista necessários para compreender os aspectos da motricidade fina, é importante compreender que a ação motora é resultado do processamento neurológico das entradas sensoriais.

Portanto, mais do que nunca, deve-se considerar a individualidade da criança no processo de avaliação, intervenção e adaptações.

Finalizo este capítulo com um alerta para as famílias: **não existe criança preguiçosa**. Se ela não está desempenhando a habilidade da forma como se espera, é necessário investigar para tratar.

Quando os pais participam ativamente do processo, oferecendo suporte contínuo e celebrando pequenos progressos, criam um ambiente favorável para o crescimento motor e emocional. Assim, a reprogramação parental torna-se uma poderosa ferramenta para promover autonomia e habilidades funcionais na vida dessas crianças.

Referências

AYRES, A. J.; ROBBINS, J. *Sensory integration and the child*: understanding hidden sensory challenges. Western Psychological Services, 2005.

BARROS, I. S.; REGO, A. P. M.; OLIVEIRA, C. F. R. O transtorno do espectro autista (TEA) e as intervenções lúdicas utilizadas na terapia ocupacional: uma revisão integrativa da literatura. *Terapia Ocupacional*, v. 28, n. 135, jun. 2024.

CASE-SMITH, J.; O'BRIEN, J. C. *Occupational therapy for children and adolescents*. 7. ed. Elsevier, 2014.

LIDDLE, T. L.; YORKE, L. *Coordenação motora*. Makron Books, 2007.

ROGERS, S. J.; DAWSON, G. *Early start Denver model for young children with autism*: promoting language, learning, and engagement. Guilford Press, 2010.

SERRANO, P.; LUQUE, C. *A criança e a motricidade fina*. 3. ed. Papa-Letras, 2020.

SOARES, A. M.; CAVALCANTE NETO, J. L. Avaliação do comportamento motor em crianças com transtorno do espectro do autismo: uma revisão sistemática. *Rev. Bras.* Ed. Esp., Marília, v. 21, n. 3, p. 445-458, jul./set. 2015.

SPIES, M. F.; GASPAROTTO, G. S.; SILVA, C. A. S. Características do desenvolvimento motor em crianças com transtorno do espectro autista: uma revisão sistemática. *Revista de Educação Especial*, Santa Maria, v. 36, 2023.

SPIES, M. F.; GASPAROTTO, G. S. Produção do conhecimento sobre desenvolvimento motor e transtorno do espectro autista: uma revisão bibliométrica. *Rev. Bras.* Ed. Esp., Corumbá, v. 29, n. 13, p. 311-328, 2023.

VALLER, F. C. *et al.* Avaliação do desenvolvimento motor de crianças com transtorno do espectro autista. *Brazilian Journal of Implantology and Health Sciences*, v. 5, n. 4, p. 2304-2316, 2023.

VITO, R. V. P.; SANTOS, D. O desenvolvimento motor e a aquisição de habilidades motoras em autistas. *Revista Perspectivas Online*: Biológicas & Saúde, v. 10, n. 34, p. 1-15, ago. 2020.

WILLIAMS, M. S.; SHELLENBERGER, S. *How does your engine run*? A leader's guide to the Alert Program for self-regulation. Albuquerque, NM: TherapyWorks, 1996.

CAPÍTULO 17

Entre espectros

Um debate sobre a diversidade sexual no transtorno do espectro autista

Este capítulo tem como objetivo discutir a sexualidade e a diversidade sexual entre pessoas no espectro autista. O debate é necessário, pois a incidência do autismo é alta e pouco se discute sobre o tema, resultando em sofrimento para as pessoas no espectro.

Nilberto Gonçalves

NILBERTO GONÇALVES

Graduado em Psicologia, pós-graduado em Gestão em Saúde pelo IFNMG, pós-graduado em Transtorno do Espectro Autista pelo CBI of Miami. Tem vasta experiência em atendimento clínico com autistas e suas famílias. Formação em Intervenção Precoce Naturalística pelo Instituto Farol, entre inúmeros outros cursos de formação continuada com foco no autismo nas perspectivas do diagnóstico e intervenção pela Análise do Comportamento Aplicada (ABA). CEO do Núcleo de Psicologia e Neuroreabilitação – Neuron (clínica especializada em autismo). Idealizador do Congresso Neuron-TEA – Diálogos sobre autismo.

Contatos: nilbertog92@gmail.com
@nilberto_goncalvespsi
38 98860 6718

Não sou um anjo, meu corpo não é assexuado, posso ter desejos, vontades, sinto e quero ter o direito de sentir no corpo e na alma como qualquer outra pessoa.

V. A., adolescente autista atendido pelo autor

Este texto objetiva refletir sobre a diversidade sexual[1] dentro do transtorno do espectro autista,[2] uma discussão necessária posto que diversos estudos indicam que em meio à população autista há maior incidência de pessoas com a orientação sexual diferente da heterossexual ou com uma identidade de gênero diferente da cisgênero.

Contrapondo-se a essa realidade, no geral, as pessoas no espectro são tratadas como assexuadas, "puras" "anjos inocentes". No entanto, essa percepção pode ser geradora de sofrimento tanto para os autistas quanto para as suas famílias. Para os primeiros, existe a privação da expressão da sua sexualidade, roubando-lhes uma parte importante da vida. Ao passo que, para as segundas, o sofrimento está relacionado ao despreparo para lidar com as situações oriundas do desenvolvimento da sexualidade dos autistas.

Para abordar de maneira consistente os impactos da sexualidade na vida dos autistas e suas famílias, inicialmente é necessário diferenciar os conceitos sexo e sexualidade, pois muitas pessoas entendem esses conceitos como

1 Diversidade sexual refere-se à variedade de expressões e identidades de gênero e orientação sexual, abrangendo homossexualidade, bissexualidade, transexualidade e heterossexualidade. Ela reconhece e valoriza as diferentes formas de vivenciar a sexualidade e o gênero, contribuindo para o respeito às individualidades (Facchini, 2010).

2 Transtorno do neurodesenvolvimento que afeta a comunicação, a interação e a motivação social, com comportamentos repetitivos e estereotipados, padrões rígidos de comportamento e pensamento, alterações de processamento sensorial (DSM-5, 2014).

sinônimos, mas não são. De acordo com Maia & Camossa (2003), sexo se refere às características anatômicas e fisiológicas que são observáveis logo após o nascimento e dividem os seres humanos e os animais em macho e fêmea. Ao passo que a sexualidade vai muito além disso, pois o termo engloba sentimentos e comportamentos que os sujeitos experimentam ao longo da vida e que são exclusivos dos seres humanos.

Na esteira da sexualidade, encontramos um tema que gera debates acalorados: a diversidade sexual. Esse tema ainda é muito sensível e permeado por muitos tabus, em especial por vivermos em uma sociedade heteronormativa, ou seja, são ditas "normais" apenas as relações heterossexuais, aquelas nas quais pessoas de sexos opostos se relacionam sexualmente. Além disso, a sociedade é cisnormativa, ou seja, só são aceitas como "naturais" aquelas pessoas que se identificam com o sexo que lhe foi designado ao nascer. Em outras palavras, pessoas com pênis são homens e devem se comportar como homens, e pessoas com vagina são mulheres e devem se comportar como mulheres.

Esse pensamento que considera somente a existência de pessoas heterossexuais e cisgênero é extremamente reducionista e invalida qualquer forma de manifestação sexual diferente da heterossexual e/ou da cisgênero. Desse modo, aos homossexuais, bissexuais, transgênero, não binários resta o preconceito, que leva a inúmeros tipos de violência, exclusão e marginalização.

A questão se torna ainda mais complexa quando propomos discutir a diversidade sexual entre pessoas que estão no espectro autista. Ao fazermos isso, unimos dois grupos que são historicamente excluídos e vítimas de preconceitos. No entanto, não podemos nos furtar a essa discussão, pois, quando colocarmos luz sobre a questão, ampliaremos as possibilidades para que a sociedade reconheça e lide melhor com a diversidade sexual dentro da neurodiversidade.

Esse debate se torna ainda mais pertinente quando consideramos que, de acordo com Organização Mundial da Saúde (OMS), cerca de 1% da população mundial está no espectro autista. Em números mais claros, isso significa que aproximadamente 80 milhões de pessoas no mundo são autistas, o que demonstra a alta prevalência do transtorno. Em meio a essa parcela da população, é possível encontrar sujeitos com orientações sexuais diversas. O estudo de Belcher, Stern & Martin (2021) corrobora essa tese ao demonstrar que entre as pessoas autistas há uma incidência maior de pessoas que não se identificam como heterossexuais, quando comparado com a população geral.

Isso, por si só, já é o bastante para aprofundarmos o debate sobre a diversidade sexual no espectro. No entanto, antes de adentrarmos neste debate, é importante tratarmos de uma questão muito delicada, que é a forte tendência que as famílias de pessoas autistas têm de tratá-las como seres "puros" "sem maldade", "anjos", portanto, assexuados. A expressão amplamente difundida de que autistas são "anjos azuis" reforça esse estereótipo.

No entanto, compete dizer que essa ideia está terrivelmente equivocada, pois o desenvolvimento da sexualidade é algo inerente à vida humana, portanto, inevitável. Independentemente da condição da pessoa, se é autista ou não, ela vai desenvolver-se, vai ter desejos sexuais e vai encontrar uma maneira de expressar sua sexualidade.

Em termos gerais, demarcamos o início da vida sexual e afetivo-sexual com a chegada da puberdade. Essa fase é marcada pela influência dos hormônios, pelo amadurecimento do corpo e pelo desenvolvimento das características sexuais secundárias. Tais transformações são acompanhadas pelo surgimento do desejo sexual, o interesse por se relacionar com outras pessoas e o desejo ou necessidade de estabelecer vínculos afetivos e sexuais. É também nesse período que ocorre a (re)descoberta do prazer sexual no corpo, inicialmente por meio da masturbação.

Entretanto, devido às dificuldades inerentes ao transtorno, essa fase da vida pode ser muito desafiadora para os autistas, pois as alterações hormonais e corporais que ocorrem com a chegada da adolescência são muitas vezes difíceis de compreender, especialmente para aqueles que possuem dificuldade para processar informações sensoriais e emocionais.

Muitos adolescentes autistas experimentam sensações intensas e desconfortáveis associadas à puberdade, além de terem dificuldade em expressar suas emoções e desejos de maneira adequada, de ler pistas e sinais associados à comunicação não verbal, como expressões faciais, tom de voz, o que pode resultar em mal-entendidos e situações desconfortáveis, envolvendo a masturbação, interações sexuais inadequadas, risco de abuso sexual, entre outras situações. Um manejo inadequado de tais situações pode gerar sentimentos de frustração e angústia, aumentando o sofrimento para o adolescente autista.

Diante dessa questão, é necessário desenvolver um trabalho de reprogramação parental junto às famílias de autistas. Primeiramente, para descontruir o mito de que pessoas no espectro serão para sempre puras e livres de desejos sexuais. Para tanto, é necessário educar os pais de autistas quanto às questões que envolvem o desenvolvimento da sexualidade do filho, para que eles possam tratá-la como algo natural e inerente à vida humana.

Feito isso, devemos preparar as famílias para lidarem com as mudanças físicas e comportamentais pelas quais todos os sujeitos vão, naturalmente, passar ao chegarem à adolescência. Ajudando-as a compreender que autistas também vão perder o corpo infantil, vão desenvolver características sexuais, vão descobrir a masturbação, sentirão desejos de se relacionar afetiva e sexualmente. Ao compreenderem e naturalizarem isso, as famílias estarão mais bem capacitadas para conversarem abertamente com seus filhos sobre a temática, ensinando-lhes sobre privacidade, maneiras adequadas de abordar o outro, a lidar com frustrações inerentes ao início da vida afetiva e sexual. Além de ser uma ação de prevenção contra violência sexual, em razão das características do autismo, pois, conforme Mahoney & Poling (2011), pessoas no espectro podem ser mais vulneráveis a esse tipo de violência.

Agora que já compreendemos que as pessoas no espectro autista vão desenvolver sua sexualidade como qualquer outro sujeito e que precisamos garantir que elas e suas famílias sejam devidamente preparadas para lidarem com as implicações naturais desse processo, podemos adentrar às questões ligadas a diversidade sexual, pois, conforme estudos de Belcher, Stern e Martin (2021), mulheres autistas apresentam maior diversidade sexual e mais identidades de gênero, sendo mais propensas a se identificarem fora dos padrões cisgênero e heteronormativos.

Em contrapartida, estudos de George & Stokes (2018) observaram que entre os homens autistas há maior prevalência de orientações como a bissexualidade, assexualidade e homossexualidade em comparação com homens neurotípicos. Os estudos relacionados deixam clara a importância em discutir diversidade sexual no autismo, uma vez que demonstram que muitos autistas possuem orientações sexuais diferentes da heterossexual e identidade de gênero diferente da cisgênero.

O trabalho de reprogramação parental também é extremamente importante e visa educar os pais sobre a diversidade sexual e de gênero, permitindo a compreensão de que a sexualidade de pessoas autistas pode não seguir normas sociais típicas. Mesmo assim, é fundamental respeitar a individualidade e a expressão pessoal de pessoas autistas, dando-lhes espaço para explorarem e definirem sua própria sexualidade e identidade de gênero, sem imposições. Todo esse trabalho precisa ter como base a comunicação aberta e respeitosa, para que a pessoa autista se sinta acolhida e segura para viver e explorar sua sexualidade em todas as suas nuances.

Acredito que as discussões elencadas até aqui são o suficiente para provocarem reflexões sobre a importância em debater acerca da sexualidade e da diversidade sexual no autismo. Pois, ao negligenciarmos essas questões, estamos cerceando uma parte importante da vida da pessoa autista. E, se queremos uma sociedade verdadeiramente inclusiva, precisamos pensar a inclusão em todas as suas vertentes; não adianta lutarmos pela inclusão dos autistas, mas sermos preconceituosos e excludentes quando nos deparamos com autistas homossexuais, bissexuais ou com autista transgênero ou não binário.

Não adianta trabalhar duro para que o autista tenha avanços nas terapias, aprenda habilidades que o tornem mais independente e funcional, mas tratá-lo como uma eterna criança quando o assunto é sexualidade. Enquanto escrevia este texto, fiquei pensando sobre o quanto os autistas sofrem em razão das questões ligadas à sexualidade. E deixo para você, que leu as minhas palavras até aqui, os seguintes questionamentos: Como você lida com a sexualidade das pessoas autistas? Quanto preconceito você ainda carrega quando o assunto é diversidade sexual entre pessoas autistas? Já refletiu como o preconceito relacionado à diversidade sexual pode ser gerador de sofrimento para os autistas? Reflita, e, quem sabe, contribuiremos para uma sociedade mais justa e inclusiva.

Referências

AMERICAN PSYCHIATRIC ASSOCIATION. *Manual diagnóstico e estatístico de transtornos mentais*: DSM-5. 5. ed. Porto Alegre: Artmed, 2014.

BELCHER, H.; STERN, M.; MARTIN, L. Gender diversity and sexual orientation in the autism. Spectrum: New Insights. *Autism Research*, v. 14, n. 5, p. 804-812, 2021.

FACCHINI, R. Movimento homossexual no Brasil: recompondo um histórico. *Cadernos AEL, [S. l.]*, v. 10, n. 18/19, 2010. Disponível em: https://ojs.ifch.unicamp.br/index.php/ael/article/view/2510. Acesso em: 23 set. 2024.

GEORGE, R.; STOKES, M. A. Gender identity and sexual orientation in autism spectrum disorder. *Autism: The International Journal of Research and Practice*, v. 22, n. 8, p. 970-982, 2018.

MAHONEY, A.; POLING, A. Sexual abuse prevention for people with severe developmental disabilities. *Journal of Developmental and Physical Disabilities*, v. 23, n. 4, p. 369-376, 2011.

MAIA, A. C. B.; CAMOSSA, D. A. Relatos de jovens deficientes mentais sobre a sexualidade através de diferentes estratégias. *Paideia*, v. 12, n. 24, p. 205-214, 2003.

CAPÍTULO 18

Corregulação

Construindo pontes emocionais

Neste capítulo, você encontrará uma explicação sobre o processamento sensorial no autismo e compreenderá o quanto o seu comportamento pode influenciar no comportamento do(a) seu (sua) filho(a), entendendo o poder da corregulação como forma de facilitar o dia a dia e podendo refletir sobre quais estratégias melhor se aplicarão na sua casa.

Priscila Boy

PRISCILA BOY

Terapeuta Ocupacional pela Universidade FUMEC (2010), com pós-graduação em Desenvolvimento Infantil e Intervenção Precoce (2019) e Formação no Transtorno do Espectro Autista (2020), ambos pelo Instituto Inclusão Eficiente. Possui Certificação Internacional em Integração Sensorial pela University of Southern California (USC – 2021) e Certificação Proficiência no modelo STAR nível 1 pelo STAR Institute (2022), além de outros cursos e capacitações na área de processamento e integração sensorial. Atualmente, é também supervisora clínica de terapeutas ocupacionais, professora de cursos de pós-graduação e de cursos livres de aprimoramento em terapia ocupacional e integração sensorial. Em Belo Horizonte, é proprietária da Clínica Vagalume, onde também atua como terapeuta ocupacional junto a crianças com autismo e outros transtornos de neurodesenvolvimento.

Contatos: priscilaboyto@gmail.com
Instagram: @priscilaboyto

Imagine que você foi a uma palestra da qual estava muito animado a participar.

Tudo correu bem naquele dia: sua rotina estava organizada, você havia dormido bem, tomado um bom café da manhã e o trânsito colaborou, favorecendo que chegasse um pouco antes do horário previsto. Ao chegar, encontrou seus colegas e juntos escolheram o lugar mais privilegiado da plateia e, então... vamos imaginar três situações:

a. O palestrante se atrasou alguns minutos e entrou com uma expressão facial séria, sem sorrisos, pouco receptivo e aparentemente desanimado. Os slides tinham um fundo branco, com letra padrão e sem ilustrações. Ele apresentou o conteúdo de acordo com o que você esperava. Palestrou sentado, usou tom de voz baixo e sem entonação. Fez poucos contatos visuais com a plateia e não observou o comportamento dos congressistas.

b. O palestrante entrou pontualmente, com os slides bem elaborados, didáticos e ilustrados. Ele estava animado, seguro, sorridente e interagia com os congressistas. Sua voz era firme, tinha um ritmo adequado de fala e fazia pausas observando as expressões de concordância ou discordância da plateia. Fez dinâmicas que mantinham o público envolvido com o tema, e ao final reservou um tempo para perguntas.

c. O palestrante iniciou com uma música alta, com muitas batidas e timbres agudos. Ele entrou com fumaça de gelo seco, chuva de prata e luzes verdes e vermelhas pulsantes. Ele pulou, bateu palmas e convidou os congressistas a dançar e cantar junto. A palestra começou com o professor agitado, falando rápido, com a voz alguns tons mais elevada, em alguns momentos chaves da aula elevava ainda mais, parecendo um grito. Ao falar, ele andava de um lado para o outro no palco, chegando a ficar ofegante.

Eu ouso dizer que, ao ler esses breves relatos de como aconteceu cada uma das situações, você pôde sentir algo semelhante ao que sentiria na situação real, e te pergunto: em qual dessas situações você acredita que teria seu melhor aproveitamento, ou sairia mais satisfeito?

Se um texto tem capacidade de influenciar seu comportamento emocional, seu nível de atenção e engajamento na leitura, o que podemos pensar sobre a capacidade de o seu comportamento influenciar o comportamento do(a) seu (sua) filho(a)?

A forma como as relações e os ambientes influenciam o comportamento é conhecida como corregulação, e é sobre isso que falaremos.

Adianto: não há escolha certa nos itens apresentados.

Há apenas situações que correspondem, ou atendem, mais ou menos ao seu processamento sensorial.

Processamento sensorial na pessoa com autismo

Processamento sensorial é uma função do nosso sistema nervoso central que acontece através do ciclo de receber, organizar, combinar as sensações do nosso corpo (tato, propriocepção, vestibular e interocepção) e do ambiente (visão, audição, tato, olfato e paladar) e gerar respostas de interações funcionais.

É esperado que o processamento sensorial reflita comportamentos intencionais, organizados e autorregulados.

Nas décadas de 1960 a 1980, a terapeuta ocupacional dra. Anna Jean Ayres realizou pesquisas nas quais buscou explicar como e se o funcionamento dos sistemas sensoriais influenciava a capacidade de aprendizagem e o comportamento.

Ela encontrou essa correlação e afirmou que a integração dos sistemas sensoriais é fundamental para que as pessoas se desenvolvam, tenham comportamentos cada vez mais complexos e significativos no seu cotidiano e conquistem autonomia e independência nas suas ocupações.

Em contrapartida, confirmou a hipótese: o mau funcionamento dos sistemas sensoriais gera consequências comportamentais e emocionais subjacentes, justificando diversas dificuldades de barreiras de participação e disfunções ocupacionais.

Dra. Ayres desenvolveu, a partir de então, a Teoria e Terapia de Integração Sensorial – ISA® –, atualmente reconhecida como Prática Baseada em Evidência (PBE), no tratamento das pessoas com transtorno do espectro autista (TEA).

A população com TEA atualmente é uma das mais acometidas pelas alterações do processamento sensorial. Segundo Hazen *et al.* (2014), estima-se que as taxas de prevalência sejam entre 69 e 95%, envolvendo tanto disfunções de modulação sensorial (hiper-reatividade, hiporreatividade e flutuação) quanto disfunções de percepção e práxis.

As disfunções de modulação sensorial estão inseridas no *Manual Diagnóstico e Estatístico de Transtornos Mentais*, o DSM-5, no critério B para diagnóstico do TEA, e impactam diretamente no nível de excitação, atenção, afeto e autorregulação.

As disfunções de percepção e práxis impactam no desempenho motor relacionado ao corpo e aos objetos. Por enquanto, não estão inseridas nos critérios diagnósticos, embora existam estudos que sugerem atrasos motores como sinais de alerta para risco de autismo (Gabis *et al.*, 2020).

Por questões relacionadas a alterações em estruturas e funções do cérebro, e na conectividade cortical, e diferenças nos padrões de ativação neural, os padrões de disfunção de integração sensorial na pessoa com autismo tendem a se manifestar de maneira mais evidente que em outras populações também acometidas por dificuldades sensoriais (USC, 2021).

Sabe-se que pessoas com autismo podem apresentar diferenças na responsividade sensorial, manifestando incômodos e aversão especialmente nos sistemas tátil, auditivo e visual; alterações na percepção dessas sensações, incluindo sistemas proprioceptivos e vestibular, que impactam a motivação, a atenção e o comportamento; percepção alterada da dor e consequências de busca intensa de sensações que influenciam na participação e no engajamento nas tarefas diárias.

A capacidade de controlar intencionalmente as entradas sensoriais, para alcançar e manter o nível de atenção, emoção e atividade adequados em relação às tarefas cotidianas e interações vem da habilidade de autorregulação, que se relaciona diretamente com o processamento sensorial e é um grande desafio na vida da família e da pessoa com autismo.

Por essa razão, chegamos ao objetivo principal deste capítulo: compreender como você pode contribuir para o conforto e a participação da pessoa com autismo nas tarefas cotidianas, utilizando seu comportamento para favorecer a regulação e fortalecer as relações afetivas entre pais, irmãos e familiares.

Corregulação para o alcance do conforto sensorial

À medida que crescem, as pessoas tendem a encontrar estratégias de autorregulação. Esse comportamento é inato, todos os seres humanos realizam comportamentos ao longo do dia, de maneira consciente ou inconsciente, que visam manter o desempenho organizado de acordo com a exigência da tarefa, seja ela qual for: atividade básica de vida diária (banho, alimentação, vestir/despir, usar o banheiro etc.), educação (leitura, dever de casa, manter atenção na instrução do professor), brincar (simbólico, compartilhado, com ou sem regras), lazer (passeios, festas, almoços, viagens), trabalho, atividades instrumentais de vida diária (realizar uma compra, contar as gotas de um medicamento, acompanhar o cozimento de um alimento), participação e interação social, gerenciar sono e descanso (reconhecer e adotar comportamentos que aumentem ou diminuam o alerta).

Essas estratégias sempre requisitam sistemas sensoriais, alguns com maior intensidade, frequência e duração de estímulos, outros menos.

É justamente esse equilíbrio entre o que, como e quanto de estímulo sensorial entra no cérebro em determinado momento ou desafio de participação que vai impactar o resultado do desempenho funcional.

É esse equilíbrio que os pais e os cuidadores de pessoas com autismo buscam possibilitar de maneira passiva, para favorecer o conforto sensorial, a organização de comportamento e a disponibilidade para as relações e os aprendizados.

Pessoas com autismo e disfunção sensorial apresentam dificuldades de controlar as entradas sensoriais e de interpretar as sensações, ocasionando consequências comportamentais como esquiva, aversão, irritabilidade, desistência, episódios mais frequentes de crises sensoriais (*shutdown*), dificuldade de retomar a calma, iniciar e manter o sono, alterações alimentares, aversão a uso de roupas, resistência a tarefas de autocuidado como banho, escovação de dentes, corte de unhas e cabelos, menor tolerância a ambientes com mais pessoas e/ou lugares com maior intensidade luminosa, entre outras.

Frequentemente, comportamentos de busca são apontados como estereotipias: andar na ponta de pés, sacudir as mãos e o corpo, olhar de canto de olho, acender e apagar as luzes, ranger de dentes ou pressão da mandíbula, girar em torno do próprio corpo etc.

Podemos então usar as relações interpessoais como ponte para favorecer o conforto, a qualidade de vida, a calma e a regulação dos familiares, alunos e pessoas com autismo com quem convivemos, por meio da conduta de corregulação.

Para que a corregulação seja eficaz, é indispensável que se tenha conhecimento de como a informação sensorial tem sido processada e quais são os comportamentos que se relacionam com as sensações.

Para isso, conte com o auxílio do terapeuta ocupacional capacitado na abordagem de integração sensorial de Ayres.

Ainda que dentro de um mesmo padrão de disfunção de integração sensorial, cada pessoa apresenta comportamentos e desafios específicos, com barreiras de participação também específicos aos seus contextos e ocupações, assim como pontos fortes específicos e importantíssimos.

Apontada a importância da avaliação, como terapeuta ocupacional experiente no tratamento das disfunções sensoriais e ocupacionais, afirmo que não há nada melhor e mais eficiente que a convivência diária para identificação de situações, comportamentos, lugares e condutas que favorecem ou desafiam a regulação da pessoa com autismo.

Analise o comportamento do(a) seu (sua) filho(a) e reflita sobre as sensações presentes nas relações e atividades, e como elas alteram positiva ou negativamente o comportamento e a participação.

Pense no tom de voz, na velocidade da fala, no tipo de toque, proximidade física, intensidade de estímulos visuais, intensidade de movimentos corporais, posturas adotadas, odores do ambiente, temperos usados, texturas presentes nos objetos, roupas e alimentos.

Veja a tabela a seguir com exemplos de sensações dos sistemas visual, auditivo, tátil, vestibular (movimento) e olfato e paladar, que aumentam ou diminuem o nível de atenção e atividade. Considere que você poderá selecionar o tipo de estímulo que adiciona ou retira do ambiente/tarefa, dependendo do tipo de resposta funcional que é necessária para melhor desempenho.

Sistema sensorial	Excita/agita/aumenta	Acalma/diminui
Visão	Luzes brilhantes; luz azul presente nas telas de celulares, tablets e computadores; luzes intermitentes; luz branca; brinquedos luminosos e com muito movimento; proximidade excessiva do rosto (30 cm da ponta do nariz); ambientes excessivamente coloridos.	Luzes quentes como a amarela; objetos com movimento visualmente rítmico; locais com luz ambiente; menor intensidade possível de brilho das telas; proximidade do rosto em 30 cm ou mais da ponta do nariz.
Audição	Sons repentinos, agudos, inesperados; tom de voz elevado; ambientes ruidosos; comandos repetitivos e insistentes; ruídos aparentemente inaudíveis como ventilador; computador.	Ruídos brancos; sons rítmicos, constantes e suaves.
Olfato e paladar	Cheiros e sabores cítricos; temperos que exalam muito perfume; sabores ácidos e azedos; perfumes de ambiente e cosméticos cítricos e alguns amadeirados.	Cheiros suaves e neutros no ambiente, roupas e cosméticos; sabores adocicados.

Sistema sensorial	Excita/agita/aumenta	Acalma/diminui
Tato	Cócegas; toque leve; texturas; variação de temperatura; vibração presente em brinquedos; alimentos com texturas moles e pastosas.	Toque com pressão constante; cobertores pesados; banhos de imersão; massagens em grandes músculos e próxima das articulações; alimentos crocantes; sucção não nutritiva.
Movimento	Balanços em giro e direções variadas de maneira inesperada; pegar no colo e rodar, jogar para cima/brincadeiras de correr (pega-pega); movimentos corporais intensos do cuidador.	Balanços com ritmo e velocidade constante/suaves e previsíveis/ movimentos lineares lentos e constantes (para cima e para baixo, para frente e para trás).

As condutas de corregulação, quando presentes no contexto da reprogramação parental, facilitam as tarefas diárias, mas vão além delas.

Moldar o seu comportamento para que atenda às necessidades sensoriais do seu filho ou aluno promove uma mudança na sua postura, que passa a entender melhor o perfil sensorial do sujeito e a aplicar estratégias de forma consistente, favorecendo desempenho, aprendizagem e relações pessoais mais satisfatórias e com empatia.

Referências

BUNDY, A.; LANE, S. *Sensory integration*: theory and practice. 3. ed. Philadelphia: F. A. Davis, 2020.

GABIS, L. V. *et al.* Motor delay – An early and more common "red flag" in girls rather than boys with autism spectrum disorder. *Research in Developmental Disabilities*, v. 104, n. 103702, 2020.

HAZEN, E. P. *et al.* Sensory symptoms in autism spectrum disorders. *Harvard Review of Psychiatry*, v. 22, n. 2, p. 112-124, 2014.

MOUTON-ODUM, S.; GOLOMB, R. *Helping your child with sensory regulation*: skills to manage the emotional and behavioral components of your child's sensory processing challenges. Oakland: New Harbinger, 2021.

USC – UNIVERSITY OF SOUTHERN CALIFORNIA – Chan Division of Occupational Science and Occupational Therapy. Programa USC de Certificação e Educação Continuada em Integração Sensorial Tópicos Especiais em Integração Sensorial: Integração Sensorial para Indivíduos com Transtorno do Espectro Autista. Campinas-SP, 2021.

CAPÍTULO 19

Atividade básica da vida diária

Ampliando a visão

Este capítulo tem a intenção de auxiliar os pais na compreensão das etapas envolvidas na aquisição das habilidades básicas para ganho de autonomia e independência nas atividades do dia a dia, tendo como base a reprogramação parental, cujo processo não envolve apenas a prática de técnicas, mas também uma transformação interna na forma como os pais lidam com os desafios e o progresso de seus filhos.

Raquel Dias da Silva de Souza

RAQUEL DIAS DA SILVA DE SOUZA

Terapeuta ocupacional apaixonada pela neurorreabilitação infantil. Graduada pela Universidade Castelo Branco (2009) – Crefito 2 14244-TO, com pós-graduação em Reabilitação de Membro Superior e Terapia da Mão (UFSCar – 2013). Certificada no Protocolo Pediasuit básico (2015). Formada no conceito neuroevolutivo Bobath básico (2010) e avançado de bebê – conceito Bobath (2019). Certificação internacional em Integração Sensorial de Ayres (CLASI – 2018). Formação em Integração Sensorial com bebês (2017). Formada no tratamento de problemas de continência fecal e rejeição do uso do banheiro e recusa alimentar na criança (2018). Formação em Raciocínio Clínico em Autismo (2019). Certificação internacional introdutória da metodologia PODD (2018). Aplicadora certificada no teste Screening de Desenvolvimento Denver II (2020). Formação em neurociência avançada em Integração Sensorial de Ayres (2022). Sócia-proprietária da Clínica Recriando Reabilitação Multidisciplinar, localizada no Rio de Janeiro.

Contatos: www.recriandoreabilitacao.com.br/
raqueldiasss@yahoo.com.br
Instagram: @to_raqueldias

Quando nos tornamos pais, passamos a ter um senso de responsabilidade diferenciado. Dentro de cada pai, cria-se uma perspectiva sobre o futuro: "o que meu (minha) filho(a) será?", "como ele(a) será quando crescer?", entre muitos outros questionamentos. Para as famílias que recebem um diagnóstico de autismo, muitas vezes, os pais podem se sentir sobrecarregados com novas responsabilidades e desafios. A reprogramação parental, nesse contexto, surge como um processo de mudança de mentalidade que permite aos pais abordarem as atividades diárias com mais paciência, flexibilidade e estratégias adequadas. Esse processo não envolve apenas a prática das técnicas, mas também uma transformação interna na forma como os pais lidam com os desafios e o progresso do filho.

Este capítulo vem para trazer estratégias simples na conquista da independência e funcionalidade nas atividades da vida diária. Por ser um tema extenso, teremos por foco as ABVDs (atividades básicas da vida diária), que incluem tomar banho, vestir, comer e engolir, alimentação e higiene pessoal.

1. Ampliando a visão

É importante compreender que, antes do início prático dos treinos e estímulos na busca da independência, alguns critérios fundamentais devem ser avaliados e levados em consideração, já que negligenciar sua real condição pode afetar a aquisição das habilidades primárias de desenvolvimento.

Checagens clínicas

O suporte médico, que é essencial, e a realização de exames serão norteadores no desenvolvimento adequado do planejamento terapêutico e, por conseguinte, na capacitação parental. Apresentam-se a seguir alguns profissionais e exames que têm grande valia na elaboração das estratégias que serão utilizadas na busca de independência e funcionalidade:

- **Otorrinolaringologista**. Exames auditivos. Ex.: Bera e audiometria. Saber se nossa criança escuta adequadamente é essencial para o aprendizado. É comum ensinarmos por comandos verbais, ou associarmos uma ação ou um objeto a uma palavra; caso a criança tenha alguma dificuldade nessa área e não tenha exames norteadores, ela pode aparentar ser "desligada", pois não atende quando chamada pelo seu nome ou quando fazemos alguma solicitação de forma verbal.
- **Oftalmologista**. Exames oftalmológicos. Ex.: acuidade visual, fundo de olho, entre outros.
  A visão é uma das áreas mais funcionais da aprendizagem, corresponde a quase 80% de nossas entradas sensoriais diárias. Saber se a criança está enxergando adequadamente é importante para seu desenvolvimento global, além de que é de suma importância estarmos atentos à ligação neurológica que a visão faz com o cérebro. Já parou para analisar a sua capacidade de olhar um objeto e evocar em seu cérebro o nome desse objeto e para que serve? Fazemos tudo isso muito automaticamente, nos "esquecemos" que tudo isso um dia precisou de empenho para ser aprendido e que uma falha nesse sistema pode impactar, muito, nossa aprendizagem e o ganho de autonomia.
- **Neurologista**. Exames neurológicos. Ex.: ressonância magnética
  Entender o funcionamento de cada hemisfério cerebral, suas estruturas, seu funcionamento e processamento é essencial na condução dos treinos de independência e autonomia. Tudo é orquestrado por ele, o cérebro, que é o grande maestro da aprendizagem e da retenção de tudo o que é aprendido.
- **Gastroenterologista**. Avaliações metabólicas, entre outras.
  Muitas vezes, a criança pode não demonstrar interesse em aprender a se alimentar sozinha, porque, ao se alimentar, pode estar tendo questões na digestão ou na metabolização dos alimentos, apresentando assim desconfortos intestinais como dor, gases, constipação, entre outros. Uma avaliação minuciosa deve ser feita a fim de descartar intolerâncias, alergias alimentares ou inflamações intestinais.
- **Pediatra**. Avaliações gerais quanto ao desenvolvimento.
- **Psiquiatra**. Suporte quanto a demandas comportamentais.

- **Dentista**. Suporte essencial para facilitação dos treinos de higiene oral e até alimentação. Crianças que resistem a se alimentar, beber líquidos ou escovar os dentes podem estar se protegendo para não sentir dores ocasionadas por cáries ou outras questões dentárias.

Checagem terapêutica

Poder contar com o apoio de uma equipe terapêutica multidisciplinar é de grande valia. Muitos são os profissionais que podem auxiliar nesse processo, porém, neste capítulo, iremos abordar pontualmente uma temática essencial para o neurodesenvolvimento:

Integração sensorial e sua importância na aquisição da independência e autonomia

Os sistemas sensoriais dividem-se em tátil, vestibular, proprioceptivo, visual, olfativo, auditivo e interoceptivo. Simplificando, a integração sensorial é a forma como recebemos, processamos, integramos e respondemos a várias informações do corpo e do ambiente no nível neurológico. Tais componentes são essenciais na aprendizagem e até na construção da identidade do indivíduo. Quando há uma dificuldade em algum desses sistemas ou em sua interconexão no processamento dessas informações, podemos ter várias respostas desafiadoras que vão muito além do querer ou não da criança. Alguns comportamentos como agressividade, fuga e até apatia podem ser apresentados de forma corriqueira. Também não é incomum indivíduos que tenham dificuldade nesse processamento apresentarem fortes respostas fisiológicas a determinados estímulos, como dor, enjoo, vômito, calafrios, suor excessivo, tremores, entre outros. Por isso, é essencial que uma avaliação minuciosa seja realizada pelo terapeuta ocupacional com especialização em integração sensorial de Ayres para que possíveis desafios sejam corretamente identificados e uma intervenção assertiva seja planejada para a evolução dessa criança.

Apresentamos a seguir uma relação de possíveis fatores diante dos quais você pode recorrer à avaliação do terapeuta ocupacional com essa especialização:

- Dificuldade para se manter vestido, prefere ficar sem roupa ou descalço. Incômodo com etiquetas, costuras ou determinados tecidos.
- Não percebe quando algo o está ferindo, podendo ser um sapato apertado ou algum item/acessório na roupa.
- Resistência para lavar a cabeça, cortar as unhas, cortar o cabelo e escovar os dentes.

- Esquece com facilidade partes do corpo a serem higienizadas durante o banho.
- Não aceita se sujar com alimentos, precisa limpar as mãos quase de forma imediata.
- Não percebe quando suja a fralda, não demonstra incômodo.
- Parece que esquece a comida dentro da boca, não mastiga.
- Cospe o alimento, por vezes não consegue sentir o cheiro do alimento e em alguns extremos não consegue permanecer no mesmo ambiente com alguns tipos de alimento.
- Aparentemente, não tem intenção de busca para se alimentar ou beber líquidos, como se não tivesse fome ou sede.
- Não consegue mastigar alimentos crocantes ou mais duros, pois o barulho que essa ação faz traz incômodo.

2. Abordagem empática e personalizada

A reprogramação parental encoraja os pais a adotarem uma abordagem empática, que considera as particularidades da criança em cada atividade. Por exemplo, em vez de focarem apenas no resultado final – como se vestir sozinho ou comer de forma independente –, os pais aprendem a valorizar cada pequeno progresso, compreendendo que cada passo representa um avanço significativo. Ao ajustarem suas expectativas e aceitarem o ritmo de desenvolvimento da criança, os pais podem reduzir frustrações e pressões desnecessárias, tanto para si mesmos quanto para o filho.

Passo 1 – Rotina

O estabelecimento da rotina é essencial para iniciarmos um bom aprendizado, pois teremos como aliada a **previsibilidade**. Isso permite diminuir graus de ansiedade que podem acometer nossas crianças. A criação da rotina também nos ajuda com o conceito de aprendizagem que é a **repetição**. Realizar as atividades dentro da mesma faixa de horário e sequenciamento auxiliará na percepção do tempo/espaço e estimulará a autonomia e participação da criança nas atividades do dia a dia. Após esses conceitos estarem **estabelecidos** podemos iniciar a flexibilidade dessa rotina, já que imprevistos acontecem e nossas crianças também precisam estar preparadas para situações que podem fugir do controle. Afinal, não é sobre condicionamento, mas sobre aquisição de habilidades que permitirão que esse indivíduo tenha autonomia em seus próprios ajustes comportamentais e emocionais.

A implementação da rotina com o auxílio de um **apoio visual** é sempre muito útil para compreensão das atividades do dia. Com esse suporte, outro conceito passa a auxiliar na realização dos treinos, que é a **antecipação**. Informar a criança, mediante apoio visual, de sua próxima tarefa do dia, do que ela pode esperar de um novo momento, traz para ela conforto, preparação e como resultado adesão à proposta oferecida.

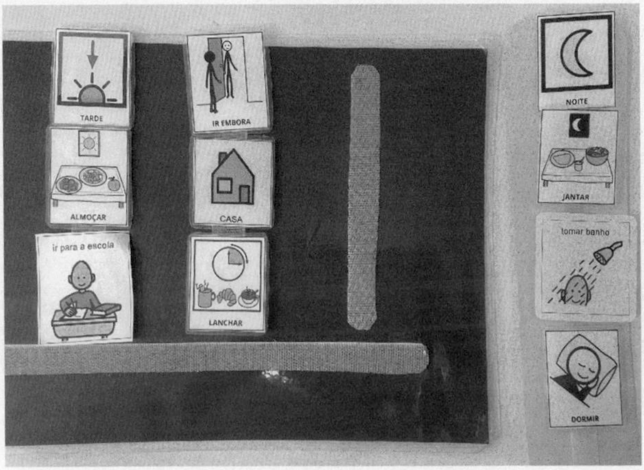

Figura 1 – Apoio visual – rotina (Imagens Boardmaker).
Fonte: acervo da autora.

Passo 2 – Treinos

Banho

1. Integre a criança na preparação das atividades, permita que ela escolha os itens que utilizará no banho, qual sabonete, toalha e demais utensílios. Permita que, por meio dessas vivências, inicie a criação dos hábitos que você deseja ensinar.
2. O apoio visual mais uma vez pode ser utilizado nessa tarefa, porque nele podemos apresentar a sequência em que as partes do corpo deverão ser higienizadas. Ajude na compreensão desse apoio visual com seus comandos verbais, fale: “agora vamos lavar os braços”, simultaneamente aponte para a figura que representa os braços.
3. Se a criança apresentar dificuldade motora no manuseio do sabonete em barra, comece de forma facilitadora: primeiramente, sabonete líquido; após um período de tempo, esponja com sabonete líquido; ao perceber melhora do controle motor, volte a usar o sabonete em barra.

Vestir

1. **Permita que a criança escolha a roupa que ela utilizará**: com isso, você está estimulando hábitos de autonomia e independência.
2. **Essencial o uso do espelho**: a criança precisa poder ver os movimentos que está realizando e como lida com a noção do seu próprio corpo.
3. **Blusas**: para início, dê preferência a blusas mais largas e sem detalhes como zíper ou botões. Ter imagens de personagens ou objetos na parte da frente da blusa é um bom norteador de direção, será mais fácil para a criança perceber a posição em que ela precisa colocar a blusa.
4. **Bermuda/saia**: para início, dê preferência a um cós de elástico e a uma peça mais larga. Permita que a criança inicie a colocação da peça sentada e, para facilitar a finalização da atividade, ela pode adotar a postura de pé.

Alimentação

1. Permita que a criança tenha vivência com os alimentos *in natura*.
2. Permita que a criança manuseie os alimentos com as mãos antes da utilização dos talheres.
3. Não force a criança a comer nenhum item que ela rejeite de forma imediata, essa atitude pode reforçar um padrão de resistência ainda maior à alimentação.
4. A criança precisa estar bem alinhada, com boa postura para realizar a alimentação. A mesa deve estar em uma altura adequada para a criança, os braços devem repousar sobre a mesa. Os pés devem estar preferencialmente apoiados embaixo da mesa; utilize bancos ou almofadas para oferecer o suporte adequado, caso seja necessário.
5. Os talheres de uma criança não devem ser talheres de adulto. O talher deve caber confortavelmente dentro da boca da criança para que ela consiga fazer a varredura do alimento da colher para a língua e não raspar nos dentes. Uma criança de dois anos não deve, por exemplo, utilizar uma colher de sopa na alimentação; uma colher de sobremesa neste caso é o mais indicado.
6. De forma inicial, utilize pratos com divisórias para que os alimentos não se misturem e permaneçam com boa aparência.
7. Caso a criança possua dificuldade motora para manter o talher na mão ou tenha por hábito jogar os utensílios ao chão, um substituidor de preensão (Figura 2) pode ser habilmente utilizado para manter o talher na mão da criança durante o treino. Após habituação da criança aos utensílios da alimentação, esse artifício pode ser retirado.

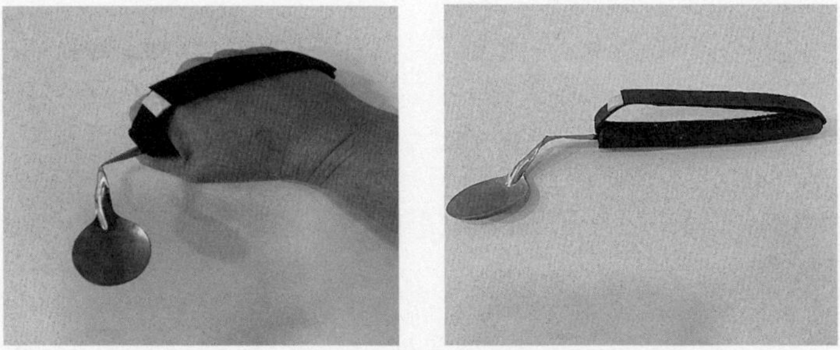

Figura 2 Substituidor de preensão.
Fonte: acervo da autora.

8. Recomenda-se que a criança esteja se alimentando à mesa junto com a família. A modelagem é extremamente utilizada como forma de aprendizagem, ou seja, eu copio o que vejo.

Higiene pessoal

1. **Higiene oral**: utilize escova pequena e macia.
2. **Apoio visual**: volta a ser um grande aliado nesta tarefa. Nele podemos apresentar a sequência da preparação para a escovação e imagens que mostrem a direção e a forma em que a escovação deve ser realizada, garantindo que todas as etapas sejam adequadamente realizadas.
3. **Lúdico**: também é possível utilizar uma boca de brinquedo para que você apresente à criança a direção e a forma adequada de escovação.

A reprogramação parental transforma a maneira como os pais se relacionam com as atividades da vida diária de seus filhos. É um processo contínuo de aprendizado e ajuste, em que os pais se tornam facilitadores do desenvolvimento da criança tendo como premissa o que se adapta melhor à necessidade de cada criança e família.

Juntos, possuímos a capacidade de ultrapassar obstáculos, vencer desafios e traçar novos rumos em busca da melhora da qualidade de vida, independência e autonomia de nossas crianças.

Boa jornada!

CAPÍTULO 20

A inclusão nas escolas e suas adversidades na elaboração do plano escolar individualizado (PEI)

A inclusão é desafiadora para todos, principalmente às famílias e escolas. Sabemos o quanto é desafiador para a escola atender às demandas das crianças com transtorno do espectro autista (TEA). Adaptar atividades, elaborar o PEI junto com a equipe pedagógica e multidisciplinar que acompanham o desenvolvimento da criança.

Soliânea Farias de Mesquita da Cruz

SOLIÂNEA FARIAS DE MESQUITA DA CRUZ

Formação acadêmica em pedagogia, psicopedagogia, neuropsicopedagogia, neurociências, análise do comportamento aplicada e neurofeedback. Atuação em ambientes educacionais, promovendo a inclusão de crianças e adolescentes com transtorno do neurodesenvolvimento. Desenvolvimento de planos escolares individualizados (PEI) para alunos com transtorno do espectro autista (TEA) e outros transtornos de aprendizagem. Aplicação de técnicas de neurofeedback para otimizar o desempenho cognitivo e emocional dos pacientes. Elaboração e implementação de estratégias pedagógicas baseadas em neurociências. Análise e intervenção em comportamentos, utilizando análise do comportamento aplicada. Colaboração com equipes multidisciplinares para promover um ambiente educacional inclusivo. Atua contribuindo para o desenvolvimento integral de alunos, utilizando conhecimentos em pedagogia, psicopedagogia e neurociências, com foco na inclusão e no aprendizado inclusivo.

Contatos: solcruzeducacao@gmail.com
Instagram: @psicosolcruz
21 98150 0524

A inclusão nas escolas para crianças com transtorno do espectro autista

O transtorno do espectro autista (TEA) apresenta uma variedade de desafios nas escolas, tanto para os alunos quanto para educadores e familiares.

Termos o diagnóstico precoce do TEA é crucial para implementar intervenções eficazes. Professores e funcionários devem estar atentos a sinais e comportamentos que possam indicar a presença do transtorno. O diagnóstico deve ser feito por uma equipe multidisciplinar, incluindo psicólogos, psiquiatras e terapeutas, para garantir uma compreensão abrangente das necessidades do aluno.

A educação inclusiva promove a ideia de que todos os alunos, independentemente de suas habilidades ou necessidades específicas da aprendizagem, devem aprender juntos em ambientes regulares. Isso requer adaptações e estratégias específicas para atender às necessidades dos alunos que estão dentro do espectro autista.

A inclusão de alunos com autismo nas escolas é um processo essencial para garantir que esses estudantes tenham acesso a uma educação de qualidade e a oportunidades de desenvolvimento social.

Os desafios enfrentados por alunos com autismo nas escolas exigem uma abordagem inclusiva e colaborativa. É fundamental que as escolas se esforcem para criar ambientes acolhedores, com formação adequada para educadores, adaptações curriculares e apoio contínuo, promovendo assim o desenvolvimento acadêmico e social desses alunos. A conscientização e a empatia são essenciais para construir uma comunidade escolar mais inclusiva e respeitosa.

O Conselho Nacional de Educação (CNE) foi criado pela Lei n. 9.131, de 24 de novembro de 1995, com a missão de assegurar a participação da sociedade no desenvolvimento, no aprimoramento e na consolidação da educação nacional de qualidade. Compete ao CNE e às suas Câmara de Educação Básica (CEB) e Câmara de Educação Superior (CES) cumprir os preceitos legais, emitindo pareceres e decidindo de forma privativa.

Podemos constatar que, a partir da decisão política de vivência do sistema inclusivo e da sustentação de rico arcabouço legal garantidor, as escolas brasileiras recebem e precisam se preparar cada vez mais para acolher de forma crescente e qualificada as pessoas com deficiência (PcD), transtorno do espectro autista (TEA) e altas habilidades ou superdotação, em seus sistemas e instituições públicos e privados, em salas de aula comuns.

O Parecer 50 do CNE, de 2023, é fundamental para orientar a prática pedagógica e as políticas educacionais voltadas a esse público. O parecer recomenda a formação continuada de educadores para que possam compreender e atender às necessidades dos alunos com TEA. Isso inclui capacitação sobre o transtorno e estratégias pedagógicas inclusivas.

Embora o Parecer 50 forneça diretrizes claras para a educação de alunos com TEA, sua implementação enfrenta desafios, como a falta de recursos e a necessidade de uma mudança cultural nas escolas. É essencial que gestores, educadores e famílias trabalhem juntos para superar esses obstáculos e garantir uma educação de qualidade para todos.

A elaboração do PEI é crucial para personalizar o aprendizado e garantir que as estratégias de ensino sejam adequadas a cada aluno que necessita de adaptações curriculares adequadas, favorecendo seu aprendizado. Isso envolve a definição de objetivos claros e a utilização de métodos adaptados.

Segundo Costa, Schmidt & Camargo (2023), "o PEI pode ser compreendido como uma ferramenta de instrução que fornece orientação para o ensino, que atende às necessidades individuais do aluno com deficiência de forma documentada".

O PEI é fundamental para garantir que alunos com TEA tenham acesso a uma educação de qualidade, respeitando suas particularidades e promovendo sua inclusão social e acadêmica. Ele busca criar um ambiente escolar mais justo e equitativo, onde todos os alunos possam desenvolver seu potencial. O PEI é elaborado com base nas características e nas particularidades de cada aluno, visando promover seu aprendizado e desenvolvimento de forma inclusiva.

Para Costa & Schmidt (2019), o PEI vem colaborar de maneira concreta para o processo de ensino e aprendizagem desses estudantes, de forma contextualizada com os objetivos e com a proposta curricular que será desenvolvida para toda a turma, devendo ser periodicamente avaliado e revisado, considerando o aprendente em seu nível atual de habilidades, conhecimentos e desenvolvimento, idade cronológica, nível de escolarização já alcançado e objetivos educacionais desejados a curto, médio e longo prazos.

As etapas e procedimentos para a elaboração de um PEI são fundamentais para garantir que o aluno receba o suporte necessário de forma eficaz. Aqui estão as etapas principais:

Coleta de dados

- **Informações pessoais**: registrar nome, idade, série e dados de contato.
- **Histórico escolar**: recolher avaliações anteriores, relatórios de professores e informações sobre o comportamento e socialização do aluno.

Avaliação diagnóstica

- Identificar as competências que o aluno já possui e quais habilidades ele precisa adquirir ao longo do período determinado pela equipe.

Objetivos

- **Objetivos gerais**: definir o que se espera que o aluno alcance ao longo do ano letivo.
- **Objetivos específicos**: estabelecer metas claras e mensuráveis, como melhorar a leitura ou aumentar a participação em sala.

Elaboração de estratégias de ensino

- **Métodos de ensino**: escolher abordagens pedagógicas que atendam às necessidades do aluno (ex.: ensino individualizado, uso de tecnologia).
- **Recursos necessários**: listar materiais didáticos, tecnologia assistiva e outros apoios necessários.

Envolvimento da equipe

- **Colaboração de profissionais**: incluir professores, especialistas e outros profissionais que acompanharão o aluno.
- **Comunicação com a família**: manter os pais ou responsáveis informados e envolvidos no processo.

Avaliação

- **Acompanhamento do progresso**: criar um sistema para registrar o progresso do aluno em relação aos objetivos estabelecidos.
- **Revisões periódicas**: realizar reuniões regulares para avaliar o progresso e ajustar o PEI conforme necessário.

O PEI deve ser um documento dinâmico, adaptável às mudanças nas necessidades do aluno. A colaboração entre a equipe escolar e a família é essencial para o sucesso do plano.

> [...] adaptações razoáveis: adaptações, modificações e ajustes necessários e adequados que não acarretem ônus desproporcional e indevido, quando requeridos em cada caso, a fim de assegurar que a pessoa com deficiência possa gozar ou exercer, em igualdade de condições e oportunidades com as demais pessoas, todos os direitos e liberdades fundamentais (Brasil, 2015).

As escolas devem criar oportunidades para que alunos com autismo interajam com seus colegas, promovendo atividades que incentivem a socialização e o desenvolvimento de habilidades sociais.

É essencial que o currículo seja adaptável, permitindo modificações que atendam às diferentes formas de aprendizagem dos alunos com TEA. É importante ressaltar o uso de recursos visuais, tecnologia assistiva e materiais adequados para facilitar a compreensão e o engajamento dos alunos no ambiente escolar.

> As escolas devem acolher todas as crianças, independentemente de suas condições físicas, intelectuais, sociais, emocionais, linguísticas ou outras. Devem acolher crianças com deficiência e crianças bem-dotadas. Sozinho, o professor não faz inclusão. É preciso atrelar a ele uma rede de apoio com estruturas, tecnológicas e espaços pedagógicos para que de fato as práticas desse sujeito possam consolidar as ideias e as necessidades pedagógicas desse aluno. Além disso, deve desenvolver um trabalho colaborativo com diferentes profissionais que fazem parte da equipe escolar, sem menosprezar a participação da família e do aluno (Belintane, 2016).

A formação dos professores é importante para a elaboração eficaz do PEI para alunos com TEA.

Vale ressaltar que o professor esteja atento a algumas características do TEA para compreender os manejos de comportamento que acabam influenciando no aprendizado.

Os professores devem participar de formações continuadas que ensinem como coletar dados, definir metas e elaborar um plano que atenda às necessidades individuais. Aprender a utilizar instrumentos de avaliação que ajudem a identificar as habilidades e dificuldades do aluno, adaptando o currículo e as atividades de forma a atender diferentes estilos de aprendizado. Outro ponto a destacar são as intervenções que promovam o autocontrole e a autorregulação.

A qualificação dos professores na elaboração do PEI é um fator crucial para o sucesso da inclusão de alunos com TEA. Investir em formação contínua e em desenvolvimento profissional garante que os educadores estejam preparados para atender às necessidades individuais dos alunos, promovendo um ambiente escolar mais inclusivo e acolhedor.

Os profissionais que estiverem envolvidos nesse processo de aprendizagem precisam pensar juntos como essa aprendizagem de fato vai ocorrer e como, por meio de desafios e estratégias, essa colaboração possa acontecer (Santos & Costa, 2020).

As famílias têm papel fundamental na elaboração e execução do PEI. É importante ressaltar quão necessário é o acolhimento efetivo das famílias estabelecendo uma relação de confiança entre escola e família, visto que os pais se sintam à vontade para compartilhar informações sobre suas crianças, suas necessidades e desafios.

Além de acolher, a escola deve elaborar projetos e criar mecanismos que incentivem a participação ativa da família no dia a dia escolar. Não é suficiente apenas receber os alunos com TEA; é necessário garantir que eles avancem em seu desenvolvimento.

Para isso, cada indivíduo deve assumir sua responsabilidade. Somente por meio dessa parceria efetiva no processo de ensino e aprendizagem é possível superar as barreiras que encontramos ao longo da trajetória acadêmica.

A união entre família e escola promove a construção de parcerias sólidas e de confiança. Quando os pais se sentem valorizados e ouvidos pela escola, eles se tornam parceiros ativos na educação de seus filhos, fortalecendo a conexão entre os dois ambientes.

Ao promoverem um ambiente acolhedor, que valorize a comunicação e a participação ativa dos pais, as instituições de ensino podem contribuir significativamente para o desenvolvimento e o bem-estar dessas crianças, garantindo que todos tenham a oportunidade de aprender e crescer em um espaço inclusivo e respeitoso.

Referências

BELINTANE, C. O desafio do ensino da leitura no contexto contemporâneo. *Revista Ibero-Americana de Estudos em Educação*, v. 11, n. esp. 4, p. 2361-2379, 2016.

BORGES, A. A. P. *et al. Plano educacional individualizado para alunos com deficiências*. Belo Horizonte: Editora Ampla, 2024.

BRASIL. Conselho Nacional de Educação. Reanálise do Parecer CNE/CP n. 50, de 5 de dezembro de 2023, que tratou das Orientações Específicas para o Público da Educação Especial: Atendimento a Estudantes com Transtorno do Espectro Autista (TEA). Parecer homologado, n. 50 de 05 de dezembro de 2023. Relator: Mauro Luiz Rabelo. *Lex:* Diário Oficial da União de 13 de novembro de 2024, seção 1, p. 67.

BRASIL. *Lei n. 9.131, de 24 de novembro de 1995*. Altera dispositivos da Lei 4.024, de 20/12/1961, e dá outras providências. Brasília, DF: Diário Oficial da União, edição extra, 1995.

BRASIL. *Lei n. 13.146*. Institui a Lei Brasileira de Inclusão da Pessoa com Deficiência (Estatuto da Pessoa com Deficiência). 2015. Disponível em: https://www.planalto.gov.br/ccivil_03/_ato2015-2018/2015/lei/l13146.htm. Acesso em: 24 fev. 2025.

COSTA, D. S.; SCHMIDT, C. Plano Educacional Individualizado para estudantes com autismo: revisão conceitual. *Cadernos de educação*. Pelotas, n. 61, p. 102-128, 2019.

COSTA, D. S.; SCHMIDT, C.; CAMARGO, S. P. H. Plano Educacional Individualizado: implementação e influência no trabalho colaborativo para a inclusão de alunos com autismo. *Revista brasileira de educação*. Pelotas, v. 28, n. e280098, p. 1-25, 2023.

SANTOS, C. E. M.; COSTA, L. K. O que é ensino colaborativo?. *Rev. Bras. Ed. Esp.*, Bauru, v. 26, n. 4, p. 779-778, out./dez. 2020.

CAPÍTULO 21

Reprogramação parental e desenvolvimento da linguagem

Práticas fonoaudiológicas

A reprogramação parental emerge como uma abordagem essencial para o desenvolvimento da linguagem em crianças, especialmente aquelas com condições como o transtorno do espectro autista (TEA). Este capítulo explora a importância da reprogramação parental, suas técnicas e estratégias destinadas a maximizar o desenvolvimento da linguagem infantil.

Tânia Regina da Costa

TÂNIA REGINA DA COSTA

Fonoaudióloga desde 2008 pela Universidade Metodista de São Paulo. Pós-graduada em Neuroaprendizagem; Motricidade Orofacial (com foco em Âmbito Hospitalar) e Linguagem pelo CEFAC – SP; Transtornos Motores da Fala pela Techknowledge Treinamentos Ltda.; Análise do Comportamento Aplicada pelo Instituto Paradigma de SP; Transtorno do Espectro Autista; Desenvolvimento Infantil; Intervenção Precoce; Manual das Habilidades Escolares e Transtorno Opositor Desafiador (TOD) pelo CBI of Miami; curso de extensão em Programa Avançado de Comunicação ao Transtorno do Espectro Autista, pelo Saber Autismo. Possui formação em Comunicação Alternativa pelo CEFAC SP, e certificação em PODD, com Alessandra Buosi – Clarear Cursos; em PROMPT I, pelo PROMPT Institute; e em Multigestos para Fala e Alfabetização, com Letícia Silva.

Contatos: fga.tania@gmail.com
Instagram: @fonoaudiologa.taniaregina
11 96099 6189

O papel crucial dos pais no desenvolvimento da linguagem

Os pais são os primeiros e mais importantes professores na vida de uma criança. Os hábitos dos pais e cuidadores com os quais a criança está envolvida, a quantidade e a qualidade da fala que uma criança ouve têm um impacto direto e significativo em seu desenvolvimento social e linguístico. A família também é responsável pelos valores primários, éticos e morais do indivíduo; para tanto, se faz necessária a orientação desses pais e auxiliares na formação de ambientes familiares adequados e comprometidos com educação e formação das crianças e adolescentes.

O transtorno do espectro autista (TEA) é caracterizado pelo déficit nas dimensões sociocomunicativas e comportamentais, que se manifestam ainda no desenvolvimento infantil. Quanto antes for realizado o diagnóstico e iniciadas as intervenções sobre essas dificuldades, melhores os resultados. As intervenções são específicas para cada indivíduo e incluem não somente a atuação terapêutica, como também orientações e treinamento aos cuidadores e parceiros da educação.

O empoderamento familiar tem sido a terminologia utilizada para a capacitação contínua dos cuidadores frente à evolução dos filhos, visando ao aumento de controle de suas vidas e decisões acerca de seu destino. Para tanto, fazem-se necessários, além de conhecimento técnico, modelos práticos de como auxiliar nossas crianças no cotidiano. Resultados de estudos com treinamento de pais no manejo de crianças diagnosticadas com TEA mostram aumento de habilidades sociocomunicativas entre pais e criança em contato visual, atenção compartilhada, manejo de comportamentos inadequados e desenvolvimento de habilidades sociocomunicativas.

Este capítulo busca trazer modelos de intervenção a serem praticados no cotidiano. A terapia sistemática e consistente trabalhará essas habilidades e é condição essencial para o adequado desenvolvimento. Contudo, a prática adequada e consistente em casa melhora consideravelmente os resultados conquistados em *setting* terapêutico.

Considerando que, na criança com TEA, primeiramente, faz-se necessário o desenvolvimento de pré-requisitos básicos como contato visual, intenção comunicativa e imitação, vamos ver na prática como os facilitamos.

- **Contato visual**: chame sua criança pelo nome e festeje quando ela olhar para você, oferecendo um brinquedo de interesse. Se pelo nome sua criança ainda não atende, pegue um objeto de interesse, abaixe na altura dos olhos da criança, coloque o brinquedo próximo aos seus olhos e chame-a novamente, entregando-lhe o item imediatamente após ela realizar o contato visual. Festeje com palmas, música, cócegas ou qualquer ação que seja altamente reforçadora logo após a entrega do objeto. Repita o máximo de vezes possível e comece a afastar o objeto de seus olhos gradativamente, conforme perceber o aumento da frequência desse contato visual.
- **Intenção comunicativa**: estimule o apontar para os objetos quando sua criança desejar algum item e perceber sua solicitação. Realize o apontar com suas mãos inicialmente como modelo e, após algumas vezes, pegue delicadamente na mão de sua criança, dobre seus dedos mantendo o indicador esticado e aponte o item que ela te pediu, entregando-lhe em seguida. Mantenha sempre seu modelo e tente ir reduzindo a pista de dobrar seus dedos gradativamente, para que ela comece a fazê-lo de forma independente. Caso sua criança já aponte, você pode dar o modelo de falar "dá", quando ela solicitar um item.
- **Imitação**: sabemos que este é um grande desafio, tratando-se de uma criança diagnosticada com TEA. Para estimular a imitação em casa, siga sempre as orientações da equipe terapêutica de seu filho e, também, utilize objetos reforçadores. Por exemplo, se ele está enfileirando os carrinhos, enfileire também e, depois que ele terminar, pegue um carrinho, ande com ele e volte-o para a posição inicial dizendo "bibi", estimule-o, pegando em suas mãos caso ele não tenha a iniciativa de fazer o mesmo. Essa é uma forma sutil de imitação e brincadeira sem quebrar os padrões iniciais de sua criança, favorecendo a aceitação dela por sua brincadeira. Com o tempo e as evoluções, você consegue aumentar gradativamente as brincadeiras e imitações. Muitas crianças também gostam de brincar e associar imitação com movimentos físicos como pular, correr ou bater palmas.

Conforme a criança vai evoluindo no ambiente clínico e domiciliar, temos novas demandas e desafios. Precisamos aprimorar sua comunicação, estimular o desenvolvimento da linguagem e pensar em estratégias que mantenham a criança mais tranquila e organizada. A previsibilidade é muito importante para todos nós e, para as crianças diagnosticadas com TEA, ela é essencial.

A criança fica muito mais segura ao saber o que vai acontecer e quando vai iniciar ou finalizar alguma atividade proposta. Assim como tranquiliza-se quando te solicita algo que não pode ser realizado naquele momento, mas lhe é sinalizado quando será. Para isso, o recurso visual com imagens de onde a criança irá e coisas que fará no dia são de grande valia. Você pode imprimir fotos de pessoas e buscar imagens que representem a rotina, e combinar com sua criança o horário e ordem em que as coisas acontecerão. É importante andar com uma cópia dessas imagens para relembrar sempre o que farão a seguir conforme combinaram. A princípio, se nunca utilizado, sua criança pode não prestar muita atenção ao quadro de previsibilidade, porém, mais uma vez, a consistência de sua apresentação garante sua adesão.

Com comportamento mais organizado, após aplicarmos na sua rotina as técnicas que foram descritas e mantendo todo o acompanhamento terapêutico de sua criança, começamos com técnicas exclusivas para a linguagem, com estratégias a serem aplicadas no seu cotidiano e favorecendo o desenvolvimento de seu filho. Mais uma vez, todas aquelas técnicas e as técnicas a seguir dependem de repetição e consistência para seu sucesso.

Técnicas de intervenção implementadas pelos pais

1. **Leitura dialogada**: a leitura dialogada é uma técnica em que os pais são encorajados a interagir ativamente com seus filhos durante a leitura de livros. Em vez de simplesmente lerem o texto, os pais fazem perguntas, repetem e expandem as respostas das crianças.
2. ***Recasting***: o *recasting* envolve reformular as falas das crianças de maneira mais correta ou complexa. Por exemplo, se uma criança diz "cachorro correr", o pai pode responder "Sim, o cachorro está correndo". Essa técnica ajuda as crianças a internalizarem estruturas gramaticais corretas sem correção direta.
3. **Modelagem de linguagem**: a modelagem de linguagem é a prática de os pais fornecerem exemplos de fala correta e expandida durante interações cotidianas. Essa é uma das estratégias mais eficazes para promover o crescimento da linguagem em crianças pequenas.

Estratégias de suporte aos pais

A participação efetiva dos pais na terapia de fala dos filhos não é apenas benéfica, mas também essencial. Fonoaudiólogos devem fornecer apoio contínuo e estratégias práticas para garantirem que os pais se sintam confiantes e capacitados para ajudar seus filhos. A comunicação aberta e o feedback constante são cruciais para o sucesso dessas intervenções.

Dicas práticas para pais

1. **Incorporar a prática na rotina diária**: incluir atividades de prática de fala nas rotinas diárias, como durante o café da manhã ou na hora de dormir, pode fazer uma grande diferença. Por exemplo, incentivar a criança a usar palavras para pedir itens durante as refeições pode ajudar a reforçar o uso da linguagem e da interação social.
2. **Utilizar recursos visuais**: recursos visuais, como quadros de comunicação e cartões de imagens, podem ser ferramentas poderosas para ajudar crianças com dificuldades de comunicação a expressarem suas necessidades e sentimentos de maneira mais clara. Podemos pegar fotos de itens solicitados, caso ainda não seja uma criança que faça uso de comunicação alternativa e aumentativa, e estimular a entrega desse cartão em troca do item solicitado.
3. **Celebrar pequenos sucessos**: reconhecer e celebrar os pequenos avanços pode aumentar a motivação e a confiança da criança. Pequenas vitórias devem ser comemoradas para incentivar o progresso contínuo.

Aplicação para crianças TEA não verbais

Crianças com TEA que são não verbais também se beneficiam enormemente das técnicas de reprogramação parental. A intervenção precoce e contínua é crucial para ajudar essas crianças a desenvolverem formas alternativas de comunicação e eventualmente promoverem o uso da linguagem verbal.

Técnicas específicas

1. **Utilização de pistas visuais e gestuais**: para crianças não verbais, a utilização de sinais manuais, gestos e pistas visuais pode facilitar a comunicação. A modelagem de sinais simples para necessidades básicas, como "comer" ou "beber", pode ser um primeiro passo.
2. **Estímulo à comunicação funcional**: encorajar qualquer forma de comunicação funcional, seja por meio de gestos, imagens ou

dispositivos de comunicação assistiva, ajuda a criança a entender que suas tentativas de comunicação têm valor e resultado.

3. **Integração de tecnologias assistivas**: ferramentas como tablets com aplicativos de comunicação ou dispositivos de voz podem ser incrivelmente úteis. O aprendizado pelos familiares dessas tecnologias em casa de maneira consistente pode promover um ambiente rico em comunicação.

Integração no ambiente escolar

Professores desempenham um papel vital no suporte ao desenvolvimento da linguagem e comunicação de crianças com TEA. A aplicação das técnicas de reprogramação parental pode ser adaptada e integrada ao ambiente escolar para proporcionar uma abordagem coesa e sustentada.

Estratégias para professores

1. **Criação de rotinas estruturadas**: estabelecer rotinas estruturadas que incluam oportunidades para comunicação pode ajudar as crianças a se sentirem mais seguras e a entenderem o que é esperado delas. Rotinas previsíveis reduzem a ansiedade e comportamentos inadequados, e aumentam as chances de comunicação espontânea.
2. **Uso de recursos visuais na sala de aula**: cartazes, quadros de rotina e cartões de comunicação devem ser utilizados insistentemente para apoiar a compreensão e a comunicação.
3. **Treinamento e colaboração com pais**: professores e pais devem trabalhar juntos, compartilhando estratégias e progressos. Sessões de treinamento para pais e reuniões regulares para discutir o progresso da criança podem garantir que as estratégias sejam aplicadas de maneira consistente, tanto em casa quanto na escola.

Conclusão

A reprogramação parental representa uma abordagem poderosa para fomentar o desenvolvimento da linguagem em crianças. Equipar os pais com as ferramentas e estratégias necessárias não apenas melhora as habilidades linguísticas das crianças, mas também fortalece o vínculo entre pais e filhos. Este capítulo serve como um guia básico e prático, oferecendo aos pais e profissionais da educação recursos para promoverem o desenvolvimento da linguagem de forma eficaz e envolvente.

Para os fonoaudiólogos, é essencial continuar explorando e implementando práticas centradas na família, garantindo que os pais estejam bem-informados e envolvidos no processo terapêutico. A combinação de conhecimento científico e aplicação prática torna a reprogramação parental uma estratégia fundamental no campo da fonoaudiologia.

Referências

ANDRADE, A. A.; OHNO, P. M.; MAGALHÃES, C. G.; BARRETO, I. S. Treinamento de pais e autismo: uma revisão de literatura. *Ciências e Cognição*, v. 21, n. 1, p. 7-22, 2016.

GRIFFITH, J. Relation of parental involvement, empowerment, and school traits to student. *The Journal of Educational Research*, v. 90, n. 1, p. 33-41, 1996.

OLIVEIRA, J. J. M.; SCHMIDT, C. Intervenção centrada na família: influência nas habilidades comunicativas e interativas da criança com transtorno do espectro autista e no empoderamento parental. 2016. Dissertação (Mestrado em Educação) – Universidade Federal de Santa Maria, 2016.

OLIVEIRA, J. J. M.; SCHMIDT, C.; PENDEZA, D. P. Intervenção implementada pelos pais e empoderamento parental no transtorno do espectro autista. *Psicologia Escolar e Educacional*, v. 24, 2020.

SANTOS, A. F.; OLIVEIRA, I. S.; COSTA JÚNIOR, J. F.; HUBER, N. Influência social: a participação da família na aprendizagem dos filhos. *Revista Brasileira de Ensino e Aprendizagem*, v. 3, p. 132-152, 2022.

SUTTORA C.; ZUCCARINI, M.; ACETI, A.; CORVAGLIA, l.; GUARINI, A.; SANSAVINI, A. The effects of a parent-implemented language intervention on late-talkers' expressive skills: the mediational role of parental speech contingency and dialogic reading abilities. *Front. Psychol.*, 2021.

TAMBYRAJA, S. R. Facilitating parental involvement in speech therapy for children with speech sound disorders: a survey of speech-language pathologists' practices, perspectives, and strategies. *Am. J. Speech Lang Pathol.*, v. 12;29, n. 4, p. 1987-1996, 2020.

WESTNEAT, D. F.; SHERMAN, P. W. Parentage and the evolution of parental behavior. *Behavioral Ecology*, v. 4, p. 66-77, 1993.

CAPÍTULO 22

Fomentando habilidades sociais e interpessoais com respeito e paciência

Neste capítulo, pais, professores e cuidadores encontrarão direcionamento para criar um plano de ensino de habilidades sociais pautado em respeito, paciência, gentileza, com o objetivo de proporcionar oportunidades para interação de forma encorajadora e mais efetiva.

Tatiana Carnaval

TATIANA CARNAVAL

Psicóloga clínica graduada em 2000 (UGF), psicopedagoga (UFRJ). Especialista em psicossomática e terapia breve (UGF), em neurociências aplicadas à aprendizagem (UFRJ), em psicomotricidade relacional clínica (UCAM), docência do ensino superior e neuropsicologia (UCAM), em terapia cognitivo-comportamental (UniBF), em psicologia da aprendizagem, do desenvolvimento e da personalidade (UniBF), em avaliação psicológica e psicodiagnóstico (UniBF). Pós-graduação em psicologia infantil (Uniabeu), em análise do comportamento aplicada – ABA (Uniabeu), formação e professora de pós-graduação em psicopedagogia e do curso de especialização em educação especial e inclusiva. Idealizadora e coordenadora técnica do Espaço Neuroevoluir, orientadora parental e graduanda em terapia ocupacional (Unifaveni).

Contatos: espaconeuroevoluir@gmail.com
Instragam: @psi.tatianacarnaval
21 97679 5115

Quero que meus filhos entendam o mundo, mas não só porque o mundo é fascinante e a mente humana é curiosa. Quero que eles o entendam para que se posicionem a fim de tornar o mundo um lugar melhor.

Howard Gardner

O comprometimento social é uma característica marcante de muitos transtornos do neurodesenvolvimento e afeta significativamente indivíduos com transtorno do espectro autista (TEA) em todos os níveis de funcionamento cognitivo, comunicacional e relacional. As consequências dessas dificuldades sociais no bem-estar geral são substanciais, refletindo em relacionamentos mais pobres entre pares, como, por exemplo, situações de rejeição, pouca ou nenhuma amizade, bullying, isolamento e, por muitas vezes, sofrimento emocional.

As diferenças sociais de relacionamento surgem no início da infância e se tornam mais aparentes à medida que os contextos sociais aumentam a complexidade de exigências. Por apresentarem uma maneira diferente de se socializarem, muitos autistas acham difícil acompanhar conversas, envolver-se em grupo e construir relacionamentos.

No entanto, com orientação, apoio, respeito e paciência dos pais, educadores e todos os envolvidos no cuidado, as pessoas com autismo podem desenvolver conexões sociais significativas, aprendendo e treinando passo a passo pequenas regras implícitas para compreensão de um mundo social bastante complexo.

O que os pais e educadores precisam saber sobre o desenvolvimento das habilidades sociais?

Considerar o mundo do ponto de vista do outro é muito difícil para a maioria das pessoas com falhas no desenvolvimento da cognição social. Assim, observa-se que a incapacidade de compreender essas regras, imaginar como alguém se sente ou pensa, além das dificuldades de lidar com as próprias emoções, tornam o convívio social ameaçador, angustiante e confuso, refletindo em comportamentos disfuncionais e uma vida emocional vulnerável.

Dessa forma, são imprescindíveis a implementação e a manutenção de um plano de estimulação para o desenvolvimento das habilidades sociais, pois, à medida que se desenvolve a dimensão compreensiva, emocional, comportamental e situacional para um enfrentamento de situações sociais, o bem-estar e uma qualidade de vida melhor são proporcionados.

O foco para auxiliar o desenvolvimento de habilidades sociais deve ser baseado na aprendizagem para construção de relacionamentos, na promoção e no ensinamento da compreensão social, pois permite o desenvolvimento da escolha intencional para se socializar, ao contrário de forçar a conformidade e o mascaramento social.

Como um plano de ensino das habilidades sociais pode ajudar uma pessoa com autismo?

A pessoa com dificuldades sociais enfrenta desafios no pensamento social e precisa aprender cognitivamente aquilo que se faz de forma natural e intuitiva. Logo, montar um plano de ensino para a estimulação do desenvolvimento das habilidades sociais e emocionais é uma maneira efetiva, prática e lúdica de ajudar a desenvolver habilidades para lidar de uma forma mais adequada com as dificuldades sociocognitivas e emocionais.

A implementação de algumas estratégias de ensino, vivências práticas e materiais estruturados com exercícios para a organização do pensamento social são bons recursos para o desenvolvimento das habilidades sociais.

O desenvolvimento de habilidades sociais para pessoas com autismo envolve:

- Compreender o mundo de forma mais completa (aperfeiçoar o entendimento social).
- Receber instrução direta ou explícita e “momentos de ensino” com prática em ambientes realistas.
- Receber suporte para melhorar a comunicação e a integração sensorial.

- Adquirir comportamentos de aprendizagem que preveem resultados sociais importantes, como fazer amizade e momentos de satisfação social.
- Desenvolver melhoria nas habilidades cognitivas, socioemocionais e linguísticas.
- Desenvolver a teoria da mente e aprender a criar estratégias para controlar as emoções.
- Estimular o interesse pelos pensamentos e sentimentos próprios e de terceiros.
- Desenvolver o pensamento social, autocensura, autoconhecimento, autocontrole e autoestima.
- Desenvolver a aprendizagem da negociação sutil que as relações exigem.
- Gerenciar conflitos e treinar a solução de problemas.
- Desenvolver habilidades comunicativas, dialógicas e linguagem pragmática.

Como você pode ajudar o seu filho a desenvolver habilidades sociais por meio de um plano de ensino?

Tornando-se um treinador socioemocional!

Ajudar o seu filho a praticar as habilidades sociais pode parecer um grande desafio, certo? Mas não tema, você precisa ser o parceiro socioemocional para interpretar e incentivá-lo a lidar com seus sentimentos de modo a gerenciar as situações sociais. E como seu treinador você desempenha um papel vital compartilhando a calma para que ele sintonize com você, mostrando a ele como se faz com tranquilidade. E adivinha! Seu filho se sentirá mais seguro para lidar com os altos e baixos que a vida coloca em seu caminho.

- **Ensine seu (sua) filho(a) a como agir em diferentes tipos de situações sociais**: ofereça direcionamento de como iniciar uma interação, como chamar um amigo para interagir, brincar ou iniciar uma conversa.
- **Divida as habilidades sociais em pequenas partes**: ensine passo a passo as partes componentes e ensine essas habilidades por meio de interações com suporte, utilizando recursos visuais conforme apropriado para cada nível de desenvolvimento.
- **Seja paciente e respeitoso com ele(a)**: as mudanças levam tempo, então, tenha paciência e lembre-se de que socializar-se é um processo de aprendizagem contínuo.

- **Compreenda que algumas situações são complicadas para ele(a)**: ele(a) precisa muito da sua ajuda para se sentir adequado(a), seguro(a) e capaz. Seja constante no incentivo e proporcione momentos sociais para o treinamento em ambiente natural.
- **Incentive o tentar**: a pessoa com dificuldades de flexibilização cognitiva pode ficar presa em maneiras de pensar e se comportar (rigidez cognitiva), e precisa que você a incentive a utilizar novas habilidades.
- **Elogie o esforço sempre**: ajudar seu (sua) filho(a) a reconhecer seu próprio sucesso fará com que ele(a) se sinta bem consigo mesmo(a), e ajudará a aumentar a confiança em tentar de novo. Encoraje seu (sua) filho(a) a continuar tentando e não desistir.
- **Observe sempre**: fique atento para ver quando seu (sua) filho(a) pratica e utiliza habilidades positivas. Geralmente, ele(a) pode se esforçar mais quando sabe que vai ser elogiado(a).
- **Utilize brincadeiras funcionais**: ensine a compartilhar brinquedos e materiais, crie jogos que envolvam troca de turnos para favorecer a aprendizagem do esperar a vez e a de seguir regras, ensine o brincar de faz de conta, a imitação, a dramatização, o pique-pega e o pique-esconde.
- **Utilize histórias sociais**: pessoas do espectro autista se beneficiam com informações apresentadas visualmente, como um gráfico, um livreto, desenhos com situações sociais para serem interpretadas, histórias sociais em quadrinhos, ilustração de cenas sociais e outros recursos visuais que favoreçam o auxílio para que saibam o que esperar em diferentes situações. Regras sociais visuais fornecem dicas para navegar nas situações de forma mais eficaz.
- **Ofereça instrução direta ou explícita e "momentos de ensino" com prática em ambiente realista**: convide um amigo, um primo ou qualquer par para encontros com seu(sua) filho(a). Assim, podem ocorrer situações em que ele(a) possa vivenciar e aprender como lidar com situações relacionais, como gerenciamento de conflitos e resolução de problemas.
- **Modele a interação social**: ensine imitação verbal e motora, modele a interação social, a tomada de turnos e a reciprocidade.
- **Ensine a compreensão das emoções e regulação emocional**: muitas pessoas com autismo têm dificuldade em entender e expressar emoções. Isso pode levar a desafios na comunicação emocional com colegas e familiares.

- **Seja intérprete para decodificação das normas sociais**: conforme as pessoas com autismo vão crescendo, as normas sociais se tornam mais e mais complexas, e o autismo pode trazer dificuldades maiores para entender as sutilezas dessas regras não escritas, implícitas, que pode resultar em situações sociais desconfortáveis. Usar narrativas sociais e desenhos sociais como ferramentas para descrever e definir regras e expectativas sociais é ótimo recurso para favorecer o aprendizado social.
- **Apoie situações sociais estruturadas**: primeiro, ensine a habilidade necessária, como jogar um jogo, isoladamente, e depois apresente-a em um ambiente social convidando colegas para serem parceiros sociais.
- **Defina as expectativas de comportamento com antecedência**: dê instruções para que a pessoa com autismo compreenda os comportamentos que é necessário realizar, como cumprimentar, iniciar um assunto, pedir licença, despedir-se, entre outros.
- **Treine as habilidades dialógicas**: uma atividade estruturada, como uma caixa contendo cartões com perguntas estruturadas e tópicos variados para responder, é um bom exercício para desenvolver a criatividade e alternância na conversação, como também uma forma de ampliar repertório verbal, pois fornece suporte, motivação e o benefício de um lembrete visual de qual é o tópico a seguir. Dessa forma, evita a manutenção de assunto restrito e de interesse específico.
- **Reforce o que o seu filho faz bem socialmente**: use elogios específicos do comportamento para moldar o comportamento pró-social.
- **Ensine pistas de contexto**: faça referência às pessoas ao redor dela, ensine-a a observá-las e explique o comportamento das pessoas. Concentre-se no treino social durante atividades que não sejam desafiadoras. Por exemplo, a troca de turnos de conversação pode não ocorrer se a pessoa tiver que dividir a atenção com outro afazer, portanto certifique-se de que a pessoa está focada no que está sendo ensinado.
- **Ensine empatia e reciprocidade**: para se envolver em uma interação social, uma pessoa precisa ser capaz de assumir a perspectiva de outra e ajustar a interação de acordo a situação. Pessoas com autismo geralmente têm capacidade de empatia, mas pode-se estimular a autoeficácia, conscientizando a pessoa e fornecendo vocabulário apropriado por meio de comentários e consciência de sentimentos, estados emocionais, reconhecimento das expressões faciais dos outros e pistas não verbais.

Assim como o apoio dos pais com respeito e paciência são fundamentais, cuidadores, terapeutas, professores e comunidade também podem aprender estratégias para ajudar a pessoa com autismo a navegar pelos desafios do mundo social por meio de técnicas de ensino adaptadas. A inclusão, a aceitação e o suporte desempenham um papel fundamental para a superação dos obstáculos sociais, na promoção do bem-estar e da saúde mental.

Referências

CESTAROLI, A. *Conectando pais e filhos*. Rio de Janeiro: Conquista, 2018.

DEL PRETTE, Z. A. P.; DEL PRETTE, A. *Psicologia das habilidades sociais*: terapia e educação. Petrópolis: Vozes, 1999.

DEL PRETTE, A.; DEL PRETTE, Z. *Psicologia das habilidades sociais na infância*: teoria e prática. 5. ed. Petrópolis: Vozes, 2011.

GARDNER, H. *Intelligence reframed*: multiple intelligences for the 21st century, New York: Basic Books, 1999.

GERHARDT, S. *Por que o amor é importante*. Porto Alegre: Artmed, 2017.

VYGOTSKY, L. *A formação social da mente*. São Paulo: Martins Fontes, 2002.

CAPÍTULO 23

A importância da afetividade para gerar inteligência emocional e na promoção de educação socioemocional

Ciência ABA e suas possibilidades de integração social no TEA

Neste capítulo, pais e educadores terão a oportunidade de refletirem sobre a importância da afetividade nas relações e como podemos conseguir avanços significativos no desenvolvimento socioemocional, cognitivo e sensorial nas crianças e adolescentes com TEA por meio de estratégias e intervenções com intencionalidade. E também como a ciência ABA pode nos auxiliar no processo de desenvolvimento das crianças e adolescentes. **O afeto afeta!**

Thatiana Pereira

THATIANA PEREIRA

Especialista em educação, pedagoga, orientadora parental, palestrante, psicopedagoga clínica – terapeuta ABA (Análise do Comportamento Aplicada). Pós-graduada em gestão escolar, orientação educacional e supervisão pedagógica. Presidente da Associação Fluminense de Orientadores Educacionais do Estado do Rio de Janeiro (ASFOE RJ). Há 26 anos absorvendo experiências na educação com paixão, e em vários cargos e funções, coordenando equipes de professores e especialistas em várias cidades da Região dos Lagos. Inúmeras palestras e treinamentos realizados com sucesso por todo o Brasil sobre inteligência emocional e desenvolvimento humano. Palestrante para os magistrados do Tribunal de Justiça de São Paulo. Buscadora, aprendendo todos os dias principalmente com as crianças. Gente que gosta de gente e ama compartilhar saberes. Não importa o tamanho do projeto ou do sonho, importa o amor que você deposita nele. **O afeto afeta.**

Contatos: thatianaptavares@gmail.com
Instagram: @thatieducadora
Facebook: thatianapereira
22 98809 5058

A afetividade é um componente fundamental no desenvolvimento humano, influenciando a forma como nos relacionamos com os outros e como interagimos com o mundo ao nosso redor. Neste capítulo, exploraremos a conexão entre a afetividade, a inteligência emocional e a educação socioemocional, especialmente no contexto do transtorno do espectro autista (TEA). Discutiremos ainda como a aplicação da análise do comportamento (ABA) pode ser uma ferramenta poderosa para promover a integração social de indivíduos com TEA, favorecendo o desenvolvimento de habilidades emocionais e sociais.

Definição de afetividade / natureza da afetividade

Afetividade refere-se à capacidade de sentir e expressar emoções, afetos e vínculos em relacionamentos interpessoais. É um conceito fundamental nos campos da psicologia, da educação e da sociologia, englobando aspectos como amor, amizade, empatia e compaixão. A afetividade é essencial para a formação de laços sociais, pois influencia a maneira como nos relacionamos com os outros e como compreendemos nossas próprias emoções. Além disso, desempenha papel crucial no desenvolvimento emocional e social, contribuindo para o bem-estar individual e coletivo. O papel da afetividade no desenvolvimento humano é insubstituível, uma vez que somos seres relacionais e emocionais.

A afetividade desempenha um papel essencial no desenvolvimento humano, influenciando diversos aspectos ao longo da vida. Aqui estão algumas áreas-chave onde a afetividade tem impacto significativo:

1. **Vínculos e relações**: a afetividade é fundamental na formação de laços afetivos, como os que se estabelecem entre pais e filhos, amigos e parceiros. Esses vínculos são essenciais para o desenvolvimento emocional e social, proporcionando segurança e apoio.

2. **Desenvolvimento emocional**: a capacidade de reconhecer e gerenciar emoções é aprimorada por meio das interações afetivas. Crianças que experimentam relações afetivas positivas tendem a desenvolver maior inteligência emocional, o que é fundamental para o enfrentamento de desafios ao longo da vida.
3. **Bem-estar psicológico**: relações afetivas saudáveis estão associadas a níveis mais elevados de felicidade e satisfação com a vida. A conexão social e o suporte emocional são determinantes importantes para a saúde mental.
4. **Aprendizado e educação**: a afetividade também é um componente essencial no ambiente educacional. Professores que estabelecem vínculos afetivos com seus alunos têm mais sucesso na promoção do aprendizado. A afetividade na educação cria um ambiente seguro que estimula a curiosidade e a motivação.
5. **Comportamento social**: a capacidade de empatia e compaixão, que deriva da afetividade, é fundamental para comportamentos interpessoais. Essas habilidades são essenciais para a convivência harmônica em sociedade e para a construção de comunidades coesas.
6. **Resiliência**: relações afetivas fortes podem servir como um amortecedor em momentos de crise. O suporte emocional recebido de pessoas próximas ajuda a superar adversidades e a desenvolver resiliência.

A afetividade é um componente essencial na formação da identidade, nas relações interpessoais, na saúde mental e emocional, influenciando positivamente o desenvolvimento humano em múltiplas dimensões. Nas relações interpessoais, é fundamental para a construção e manutenção de vínculos saudáveis entre indivíduos. Aqui estão alguns aspectos importantes dessa dinâmica:

1. **Construção de vínculos**: a afetividade permite o desenvolvimento de laços significativos, criando conexões emocionais que promovem a intimidade e a confiança. Tais vínculos são essenciais em amizades, relacionamentos familiares e românticos.
2. **Comunicação emocional**: a expressão de sentimentos e emoções é um componente central das interações afetivas. Comunicações sinceras e abertas podem fortalecer as relações, promovendo um ambiente de compreensão e empatia.
3. **Empatia e compreensão**: a afetividade facilita a empatia, permitindo que as pessoas entendam melhor as experiências e emoções dos

outros. Isso é crucial para resolver conflitos e construir relacionamentos baseados no respeito mútuo.

4. **Suporte emocional**: relações afetivas oferecem suporte em momentos de dificuldades, proporcionando segurança emocional e ajudando os indivíduos a lidar com estresses e desafios da vida.
5. **Impacto no comportamento social**: a presença da afetividade pode motivar comportamentos altruístas, já que vínculos afetivos frequentemente inspiram ações de cuidado e atenção aos outros, ajudando a promover um ambiente social saudável.
6. **Crescimento pessoal**: por meio de interações afetivas, as pessoas podem aprender mais sobre si mesmas e sobre suas emoções. Esses relacionamentos são espaços de crescimento e aprendizado emocional.
7. **Resolução de conflitos**: a afetividade pode ser um fator positivo na mediação de conflitos. Relações baseadas em afeto tendem a facilitar o diálogo e a busca por soluções comuns.

A afetividade é um elemento imprescindível nas relações interpessoais, contribuindo para o desenvolvimento emocional, a construção de laços saudáveis e o fortalecimento da comunidade. Essas relações não apenas enriquecem as experiências individuais, mas também promovem o bem-estar coletivo.

Entendendo a inteligência emocional – o que é inteligência emocional?

A inteligência emocional é a capacidade de reconhecer, compreender e gerenciar as próprias emoções, bem como as emoções dos outros. Esse conceito foi popularizado por Daniel Goleman nos anos 1990 e é considerado uma habilidade essencial para o sucesso pessoal e profissional. A inteligência emocional é composta por cinco componentes principais:

1. **Autoconhecimento emocional**: a capacidade de identificar e compreender suas próprias emoções, o que ajuda a ter clareza sobre o que se sente e por quê.
2. **Autorregulação**: refere-se à habilidade de controlar e gerenciar suas emoções de maneira adequada, evitando reações impulsivas e mantendo o equilíbrio emocional.
3. **Motivação**: envolve a capacidade de canalizar emoções para alcançar objetivos e manter uma atitude positiva, mesmo diante de adversidades.

4. **Empatia**: consiste na habilidade de entender e sentir as emoções dos outros, o que é crucial para construir relacionamentos saudáveis e comunicativos.
5. **Habilidades sociais**: referem-se à capacidade de interagir efetivamente com os outros, o que inclui habilidades de comunicação, resolução de conflitos e a construção de redes de relacionamentos.

A inteligência emocional tem um papel fundamental em diversas áreas, incluindo:

1. **Relacionamentos interpessoais**: facilita a comunicação e a empatia, promovendo laços saudáveis.
2. **Ambiente de trabalho**: contribui para lideranças eficazes e melhoria do clima organizacional.
3. **Saúde mental**: ajuda na autocompreensão e na autorregulação, contribuindo para o bem-estar emocional.

A inteligência emocional é essencial para lidar com desafios, construir relações significativas e alcançar o sucesso em várias áreas da vida.

Importância da inteligência emocional no contexto educativo

A inteligência emocional desempenha um papel crucial no contexto educativo, influenciando não apenas o aprendizado acadêmico dos alunos, mas também seu desenvolvimento pessoal e social. Aqui estão alguns pontos que destacam sua importância:

1. **Ambiente de aprendizagem positivo**: professores que demonstram inteligência emocional tendem a criar um ambiente de sala de aula mais acolhedor e seguro, onde os alunos se sentem valorizados e respeitados. Isso promove a participação ativa e o engajamento dos estudantes.
2. **Gestão de conflitos**: a inteligência emocional permite que professores e alunos gerenciem conflitos de forma eficaz, por meio da empatia e da compreensão mútua. Isso pode reduzir comportamentos disruptivos e melhorar a convivência escolar.
3. **Desenvolvimento de habilidades sociais**: ao aprenderem sobre suas próprias emoções e as dos outros, os alunos desenvolvem habilidades sociais importantes, como comunicação, empatia e colaboração. Essas habilidades são fundamentais não apenas no ambiente escolar, mas também na vida futura.

4. **Promoção da resiliência**: a inteligência emocional ajuda os alunos a lidarem melhor com frustrações e desafios. Com habilidades de autorregulação e motivação, eles se tornam mais capazes de superar dificuldades acadêmicas e pessoais.
5. **Melhoria do desempenho acadêmico**: alunos com alta inteligência emocional tendem a ter um desempenho acadêmico melhor, pois conseguem gerenciar melhor o estresse e manter a motivação, além de se relacionarem positivamente com colegas e professores.
6. **Inspiração de autoestima**: desenvolvimento de potencialidades. Um ambiente que valoriza a inteligência emocional pode contribuir para a construção da autoestima dos alunos, ajudando-os a se conhecerem melhor e a reconhecerem suas capacidades e limitações.
7. **Preparação para o futuro**: o desenvolvimento da inteligência emocional no ambiente escolar prepara os alunos para os desafios do mundo real. Habilidades como empatia, comunicação e resolução de conflitos são altamente valorizadas no mercado de trabalho e nas relações sociais.

A inteligência emocional é fundamental no contexto educativo, pois não apenas enriquece a experiência de aprendizado, mas também contribui para o desenvolvimento integral e harmonioso dos alunos, preparando-os para a vida em sociedade. A afetividade e a inteligência emocional estão interligadas, e a afetividade desempenha um papel crucial no desenvolvimento e fortalecimento da inteligência emocional. Aqui estão algumas maneiras pelas quais a afetividade contribui para essa habilidade:

1. **Reconhecimento emocional**: a afetividade permite que os indivíduos identifiquem e reconheçam suas emoções e as emoções dos outros. Laços afetivos profundos geralmente incentivam maior percepção dos sentimentos, o que é fundamental para a inteligência emocional.
2. **Empatia**: relações afetivas saudáveis cultivam a empatia, uma habilidade essencial da inteligência emocional. Quando alguém se importa profundamente com outra pessoa, deve esforçar-se para entender suas emoções e perspectivas, desenvolvendo assim a capacidade de se colocar no lugar do outro.
3. **Comunicação emocional**: a afetividade fomenta um espaço seguro para a expressão de emoções. Em relacionamentos baseados no afeto, os indivíduos se sentem mais à vontade para compartilharem seus sentimentos, o que fortalece a comunicação emocional e desenvolve habilidades sociais.

4. **Autoconhecimento**: por meio das interações afetivas, os indivíduos têm a oportunidade de refletir sobre suas emoções e reações. Esse processo de introspecção e feedback emocional ajuda a aprimorar o autoconhecimento, outro componente fundamental da inteligência emocional.
5. **Autorregulação**: relações afetivas positivas podem facilitar a autorregulação emocional. O suporte emocional e a compreensão que vêm de vínculos saudáveis ajudam os indivíduos a gerenciarem suas emoções de maneira mais eficaz, evitando reações impulsivas.
6. **Resiliência emocional**: o apoio afetivo em momentos de dificuldade contribui para a construção da resiliência emocional. Indivíduos que recebem suporte de relações afetivas tendem a lidar melhor com estresses e desafios, o que é uma parte importante da inteligência emocional.
7. **Motivação pessoal**: a presença de vínculos afetivos fortes pode aumentar a motivação pessoal. Quando as emoções positivas geradas por relações afetivas estão presentes, as pessoas tendem a se empenhar mais em suas atividades e a se sentir motivadas a alcançar seus objetivos.

A afetividade é um pilar fundamental para o desenvolvimento da inteligência emocional, pois promove habilidades como empatia, autoconhecimento, comunicação eficaz e resiliência. Essas habilidades são cruciais para o bem-estar emocional e para a construção de relacionamentos saudáveis.

A educação socioemocional é um processo que visa desenvolver habilidades emocionais e sociais nos indivíduos, promovendo um aprendizado que vai além do conteúdo acadêmico tradicional.

O conceito abrange a capacidade de entender, gerenciar e expressar emoções, além de interagir de forma harmoniosa com os outros e tomar decisões responsáveis.

A necessidade da educação socioemocional em ambientes escolares e a implementação da educação socioemocional em ambientes escolares são fundamentais por diversas razões. Aqui estão alguns pontos que destacam a sua necessidade:

1. **Desenvolvimento integral dos alunos**: a educação socioemocional completa o ensino acadêmico, promovendo não apenas o desenvolvimento cognitivo, mas também o emocional e social, preparando os alunos para serem indivíduos equilibrados em todas as dimensões da vida.
2. **Habilidades para a vida**: os estudantes aprendem habilidades essenciais como empatia, comunicação e resolução de conflitos, que são cruciais para a convivência saudável e bem-sucedida em sociedade.

Essas habilidades os ajudam não só na escola, mas também em suas vidas pessoais e profissionais.

3. **Gestão do estresse e saúde mental**: a educação socioemocional ensina estratégias de regulação emocional e gestão do estresse, fatores que contribuem para o bem-estar mental. Ao aprenderem como lidar com emoções desafiadoras, os alunos se tornam mais resilientes.
4. **Melhorias no clima escolar**: a implementação de programas socioemocionais pode reduzir conflitos e comportamentos disruptivos, promovendo um ambiente escolar mais seguro e acolhedor. Isso resulta em um clima escolar positivo, no qual todos se sentem valorizados.
5. **Apoio ao aprendizado acadêmico**: alunos que desenvolvem habilidades socioemocionais tendem a ter melhor desempenho acadêmico. A autoestima e a autoconfiança aumentadas, juntamente com a capacidade de se concentrar e colaborar, favorecem o aprendizado.
6. **Prevenção de bullying e violência**: a educação socioemocional ajuda a conscientizar os alunos sobre a empatia e a importância do respeito mútuo, contribuindo para a prevenção de bullying e a promoção de relacionamentos saudáveis.
7. **Preparação para o futuro**: o mercado de trabalho valoriza cada vez mais as habilidades socioemocionais. Ao desenvolverem competências como colaboração e adaptabilidade, os alunos estão mais bem preparados para enfrentar os desafios da vida adulta.
8. **Inclusão e diversidade**: programas de educação socioemocional promovem a aceitação da diversidade e a inclusão, ajudando os alunos a respeitarem e valorizarem as diferenças, o que contribui para uma sociedade mais justa e equitativa.

A educação socioemocional é uma necessidade premente em ambientes escolares, pois contribui para o desenvolvimento integral dos alunos, promove um ambiente positivo e seguro, e prepara os jovens para enfrentar os desafios da vida de maneira eficaz e consciente.

Transtorno do espectro autista (TEA) – características

O TEA é uma condição neurobiológica/neurodivergente que se manifesta de diferentes formas em cada indivíduo, mas apresenta algumas características comuns.

Aqui estão as principais características do TEA:

1. **Dificuldades de comunicação**:

- Problemas na comunicação verbal e não verbal.
- Dificuldades em iniciar e manter conversas.
- Uso repetitivo de palavras ou frases (ecolalia).

2. **Dificuldades de interação social**:

- Dificuldades em compreender e expressar emoções.
- Dificuldades em formar relacionamentos e interagir com os outros.
- Tendência a preferir interações solitárias ou atividades individuais.

3. **Comportamentos restritos e repetitivos**:

- Comportamentos ou rotinas repetitivos, como balançar o corpo, girar objetos ou fazer movimentos repetitivos.
- Interesses intensos e fixos em determinados tópicos ou objetos, muitas vezes de forma intensa (hiperfoco).

4. **Sensibilidade sensorial**:

- Reações exageradas ou atenuadas a estímulos sensoriais, como luzes, sons, texturas e cheiros.
- Busca de experiências sensoriais (por exemplo, movimento, tocar objetos).

5. **Dificuldade na mudança de rotina**:

- Resistência a mudanças e preferência por previsibilidade e rotinas – rigidez comportamental.
- Ansiedade em situações novas ou inesperadas.

6. **Dificuldades em compreender normas sociais**:

- Dificuldades em entender e seguir regras sociais implícitas.
- Dificuldades em interpretar expressões faciais, linguagem corporal e nuances da comunicação.

7. Desenvolvimento variável:

- O desenvolvimento das habilidades varia bastante de uma pessoa para outra, com alguns indivíduos apresentando habilidades avançadas em áreas específicas, como matemática, música ou arte.

8. Dificuldade em fazer transições:

- Os indivíduos podem ter dificuldades em mudar de uma atividade para outra e podem precisar de suporte adicional durante essas transições.

Características associadas: podem ocorrer condições associadas, como ansiedade, depressão, TDAH, entre outras. É importante lembrar que o TEA é um espectro, o que significa que a apresentação e a intensidade das características variam amplamente entre os indivíduos. Cada pessoa com TEA é única, e a compreensão individualizada das suas necessidades é essencial para o apoio e a intervenção adequados.

Desafios enfrentados por indivíduos com TEA nas interações sociais

Indivíduos com transtorno do espectro autista enfrentam uma série de desafios nas interações sociais. Esses desafios podem variar de intensidade e apresentação, mas incluem algumas dificuldades comuns.

Muitos indivíduos com TEA enfrentam dificuldades em articular pensamentos e sentimentos. Isso inclui a incapacidade de iniciar ou manter conversas, o uso limitado de gestos e expressões faciais, e a dificuldade em compreender e usar linguagem figurativa, como metáforas. Interpretação literal, a tendência a entender as informações de maneira literal, pode levar a mal-entendidos em contextos sociais. Isso pode fazer com que piadas, ironias e sarcasmo sejam difíceis de compreender. Dificuldades com empatia – indivíduos com TEA podem ter dificuldades em reconhecer e entender as emoções dos outros – podem resultar na incapacidade de responder de maneira adequada em situações sociais. Comportamentos repetitivos ou interesses fixos podem limitar as oportunidades de interação social, dificultando a participação em atividades de grupo e conversas sobre tópicos variados.

Pessoas no espectro autista têm hipossensibilidade ou hipersensibilidade a estímulos sensoriais, como luzes e sons. Isso pode causar desconforto em ambientes sociais, fazendo com que prefiram se isolar. Devido às dificuldades em compreender normas sociais e em se envolver nas dinâmicas de grupo, os indivíduos com TEA podem achar desafiador formar e manter amizades, o que pode resultar em sentimentos de solidão. A necessidade de rotina e previsibilidade pode fazer com que mudanças em ambientes sociais ou na estrutura das atividades causem ansiedade, dificultando a participação em novas interações.

A dificuldade em compreender as emoções dos outros e a rigidez em algumas regras sociais podem levar a desafios na resolução de conflitos, o que pode agravar problemas em relacionamentos. A evitação do contato visual pode ser interpretada como desinteresse ou desatenção, com possibilidade de impactar negativamente as interações sociais. Indivíduos com TEA podem ter reações emocionais mais intensas em situações sociais, resultando em comportamentos desafiadores ou em dificuldades para regular suas emoções em contextos que demandam interações.

Esses desafios não são universais e podem variar de acordo com a personalidade e o suporte oferecido a cada indivíduo. Com intervenções apropriadas e ambientes de apoio e equipe pluridisciplinar, muitos indivíduos com TEA podem desenvolver muitas habilidades para facilitar suas interações sociais.

Ciência ABA e suas possibilidades de integração social no TEA – fundamentos da Análise do Comportamento Aplicada (ABA)

A Análise do Comportamento Aplicada (ABA, do inglês *Applied Behavior Analysis*) é uma abordagem científica que utiliza princípios do comportamento humano para promover mudanças positivas. Aqui estão os seus principais fundamentos:

A ABA se concentra em comportamentos que podem ser observados e medidos. A análise do comportamento limita-se a aspectos que podem ser quantificados e avaliados objetivamente. Ela se baseia em princípios de condicionamento operante, como reforço, punição, extinção e generalização, que são usados para modificar comportamentos. Por exemplo:

1. **Reforço**: aumento da probabilidade de um comportamento ocorrer novamente ao se apresentar um reforço positivo (como elogios) ou negativo (remover um estímulo aversivo).
2. **Punição**: redução da probabilidade de um comportamento ao se aplicar uma consequência negativa ou remover um reforço.
3. **Análise funcional**: a ABA envolve a identificação das razões ou funções do comportamento (por exemplo, escape, atenção, acesso a tangíveis). Isso ajuda na formulação de intervenções mais eficazes e direcionadas.

4. **Intervenções individualizadas**: as intervenções em ABA são adaptadas às necessidades específicas de cada indivíduo, levando em consideração suas características únicas, ambiente e níveis de habilidade.
5. **Uso de dados**: a ABA é baseada em dados, o que significa que qualquer intervenção deve ser acompanhada e avaliada por meio de coleta sistemática de dados. Essa prática permite monitorar o progresso e ajustar intervenções conforme necessário.
6. **Generalização**: um dos objetivos da ABA é garantir que as habilidades aprendidas em um ambiente se generalizem para outros contextos. Isso envolve ensinar a aplicação de habilidades em diversas situações e ambientes.
7. **Envolvimento da família**: a colaboração com familiares e cuidadores é fundamental na ABA. Incluir a família nas intervenções ajuda a apoiar a generalização e a manutenção das habilidades aprendidas.
8. **Enfoque no bem-estar**: a ABA não visa apenas à modificação do comportamento, mas também à promoção do bem-estar do indivíduo, considerando aspectos emocionais, sociais e cognitivos.
9. **Evidência científica**: a ABA é respaldada por uma quantidade significativa de pesquisa e evidências empíricas que demonstram a eficácia de suas intervenções, especialmente em contextos como educação e terapia para indivíduos com TEA.
10. **Educação e treinamento**: profissionais que utilizam a ABA geralmente passam por treinamento rigoroso e certificação, garantindo que as práticas sejam aplicadas de maneira ética e efetiva.

Em suma, a análise do comportamento aplicada é uma metodologia estruturada e baseada em evidências que utiliza princípios psicológicos para promover mudanças comportamentais significativas e positivas, adaptadas às necessidades de cada indivíduo.

Estratégias de ABA para o desenvolvimento de habilidades emocionais e sociais

A ABA utiliza várias estratégias para promover o desenvolvimento de habilidades emocionais e sociais. Aqui estão algumas abordagens eficazes:

1. **Modelagem**: demonstrar comportamentos sociais e emocionais desejados. Por exemplo, um profissional ou cuidador pode mostrar como iniciar uma conversa ou expressar emoções.

2. **Reforços**: utilizar reforços positivos para incentivar comportamentos sociais desejados. Elogios, recompensas ou até mesmo uma atividade preferida podem ser usados para reforçar interações sociais apropriadas.
3. **Intervenções baseadas em jogos**: usar jogos e atividades lúdicas para ensinar habilidades sociais. Jogos que envolvem turnos, cooperação e resolução de conflitos ajudam a praticar a interação social de forma divertida.

Treinamento de habilidades sociais / intervenções externas

1. **Desenvolver programas de treinamento específicos que foquem em habilidades sociais**: como fazer amigos, manter uma conversação ou interpretar expressões faciais. Sessões na prática ajudam na aprendizagem.
2. **Criação de cenários**: simular situações sociais em um ambiente controlado permite que o indivíduo pratique respostas e reações antes de aplicá-las em situações do mundo real.
3. **Análise funcional**: identificar o comportamento específico que precisa ser modificado e a função desse comportamento. Compreender por que um comportamento ocorre ajuda a direcionar intervenções que promovam habilidades sociais.
4. **Discussão e reflexão**: incentivar discussões sobre sentimentos e emoções. Usar histórias ou exemplos para falar sobre como diferentes emoções podem ser expressas e interpretadas em situações sociais.
5. **Uso de tecnologias**: aplicativos e jogos interativos que ensinam habilidades emocionais e sociais podem ser muito eficazes, oferecendo feedback imediato e oportunidades de prática.
6. **Envolvimento da família**: treinar familiares sobre habilidades emocionais e sociais é fundamental. A prática em casa, com o apoio dos pais ou cuidadores, ajuda a reforçar e generalizar as habilidades.
7. **Regulação emocional**: ensinar estratégias de autorregulação, como técnicas de respiração, mindfulness ou expressões artísticas, que ajudam os indivíduos a reconhecer e gerenciar suas próprias emoções.
8. **Feedback encaminhado**: após interações sociais, fornecer feedback positivo sobre o que foi feito de maneira adequada e sugerir melhorias em áreas que exigem desenvolvimento adicional. Isso ajuda a cimentar o aprendizado.

9. **Estabelecimento de rotinas**: criar rotinas previsíveis que incluam oportunidades para interação social, ajudando o indivíduo a se sentir mais confortável em contextos sociais.

Essas estratégias da ABA podem ser adaptadas e combinadas de diferentes maneiras, dependendo das necessidades e características do indivíduo. Com abordagem atenta e consistente, é possível promover o desenvolvimento de habilidades emocionais e sociais de forma significativa.

A família, a escola e a equipe pluridisciplinar têm papel crucial na promoção da inclusão e integração social de indivíduos com TEA. Ao trabalhar em conjunto para criar ambientes acolhedores, educar sobre o autismo e fomentar a empatia, é possível construir uma sociedade que valoriza a diversidade e garante oportunidades iguais a todos os seus membros. A inclusão não é apenas uma responsabilidade, mas um enriquecimento para toda a coletividade.

Refletindo sobre a importância da afetividade, da inteligência emocional e da educação socioemocional, podemos perceber que cada um de nós é responsável pela construção de um ambiente inclusivo e afetivo. Com práticas baseadas em evidências, como a ciência ABA, podemos promover a integração social e o desenvolvimento emocional de indivíduos com TEA, além de criar uma sociedade mais empática, inclusiva e compreensiva.

Referências

FARMER, S. D. *Application of emotional intelligence in elementary education classrooms*. 2007.

GOLEMAN, D. *Inteligência emocional*. Rio de Janeiro: Objetiva, 1996.

SCHMIDT, C. *et al. Autismo*: caminhos para a aprendizagem. Bogotá: Corporación Universitaria Iberoamericana, Editorial ÏbërAM, 2018. 146 p.

SHIHADIH, D. *Harmonizing social emotional learning for students with special needs*. 2019.

STAHL, J. *Addressing and assessing social-emotional learning*. Educator Perspective, 2018.

CAPÍTULO 24

Estratégias sensoriais para crianças com desenvolvimento atípico e sinais de transtorno de processamento sensorial

Este capítulo apresenta estratégias sensoriais para crianças com desenvolvimento atípico e transtorno de processamento sensorial, enfatizando a necessidade de uma abordagem personalizada. Sugere atividades como exploração de texturas, massagens e brincadeiras com pressão para ajudar na autorregulação.

Ulânova Xavier Coelho

ULÂNOVA XAVIER COELHO

Terapeuta ocupacional pediátrica há 23 anos, trabalha com crianças com transtorno do neurodesenvolvimento. É autora da cartilha *Orientações de brincadeiras para famílias com transtorno do espectro autista*, um projeto centrado na família com estratégias sensoriais práticas. Especialista em desenvolvimento infantil e em educação na perspectiva do ensino estruturado para autistas. Certificada em Integração Sensorial pela University of Southern California (USC/WPS) e pela The Collaborative for Leadership in Ayres Sensory Integration (CLASI/EUA). Tem formação avançada no Modelo Denver de Intervenção Precoce pelo Mind Institute/University of California, Sacramento (EUA). Formação no modelo STAR Institute for Sensory Processing, Advanced Intensive Mentorship, Level 1 Clinical Reasoning in Intervention. É CEO do Centro de Desenvolvimento Infantojuvenil Ulânova Xavier, localizado em Mossoró/RN; ministra cursos e palestras na área.

Contatos: centroulanovaxavier.com.br
Instragram: @ulanovaxavierto

Na integração sensorial, é crucial reconhecer que cada criança possui interesses e necessidades sensoriais únicas, o que requer uma abordagem personalizada em suas interações diárias. Este capítulo apresenta estratégias sensoriais que podem ajudar a criança a se tornar mais organizada e adaptável durante as atividades em casa ou na escola. Essas estratégias, no entanto, não substituem a intervenção de um terapeuta ocupacional especializado em integração sensorial, que deve guiar o direcionamento terapêutico de maneira individualizada.

Ao considerar as estratégias sensoriais, é importante observar como a criança reage a diferentes estímulos sensoriais, como movimento, toque, sons, luzes, altura, entre outras sensações. Essas reações podem variar de uma criança para outra e ao longo do tempo. Uma abordagem sensorial bem-sucedida deve ser flexível e responsiva, permitindo modificações no ambiente e nas atividades, conforme necessário, para garantir experiências seguras e positivas.

Ilustração: Isis Vieira Barbosa.

O que é preciso para iniciar e manter uma interação

Acompanhar a criança e seguir sua liderança são extremamente fundamentais. Observar seu comportamento e dar sentido ao que ela faz, agindo como se tudo fosse intencional. Por exemplo, se ela cai sobre a cama, inicie uma guerra de almofadas; se ela deixar algo cair e fizer um barulho diferente, repita, como se fosse intencional.

Posicione-se na frente da criança e ajude-a a fazer o que ela quer e o que a deixa motivada.

Ilustração: Isis Vieira Barbosa.

Dê suporte às iniciativas da criança, faça coisas erradas ou engraçadas e observe a reação. Interponha-se no caminho dela, interferindo de maneira divertida com o que ela está fazendo, e nunca deixe de usar nas brincadeiras o que é de extrema importância para ela. Lembre-se de que o hiperfoco pode e deve ser incluído nas estratégias para facilitar e mediar a reciprocidade social.

Ilustração: Isis Vieira Barbosa.

Enfatize palavras e gestos, exagere a expressão facial e a entonação, deixando claros seus sentimentos e intenções. Use expressões bem teatrais, o que facilita chamar a atenção da criança. Dê sentido aos sons e às palavras que a criança emite, ampliando a linguagem ou dando um contexto para a palavra.

Coloque palavras ou dê nome aos sentimentos que ela expressa, nomeie as ações motoras e faça variações nas brincadeiras.

Ilustração: Isis Vieira Barbosa.

Insista sempre em uma resposta, que seja um gesto, um som, um olhar, um sorriso.

Sua criança busca muito movimento?

Caso sua criança goste de atividades com movimentos intensos como pular, correr, saltar, incentive-a a fazê-las sobre diferentes superfícies, como carpetes, almofadões, grama, areia. Utilize contato com pressão profunda e firme, o que facilitará sua autorregulação.

Ilustração: Isis Vieira Barbosa.

Permitir o uso de movimento intenso durante atividades com maior sobrecarga sensorial pode auxiliar no autocontrole da criança. Ofereça um minitrampolim para saltar, um saco de Lycra® suspenso ou rede para balançar, ou até mesmo um saco de dormir para arrastar-se e rolar pelo chão.

Essas atividades de movimento proporcionam maior reequilíbrio do alerta e diminuição da reatividade emocional.

Ilustração: Isis Vieira Barbosa.

Que tal brincar de... imitar animais, carrinho de mão, jogo de causa e efeito, que aparece e desaparece? Essas brincadeiras ajudam no desenvolvimento motor, cognitivo e social, além de promover a criatividade.

Ilustração: Isis Vieira Barbosa.

Vamos de mais ideias

Brincadeiras de imitação, jogo de tabuleiro, brincadeiras de faz de conta, "fazer comidinha", brincar com carrinhos, brincar com personagens de filmes e de histórias infantis e jogos de bola.

Ilustração: Isis Vieira Barbosa.

Fique atento a atividades com muito movimento

Os movimentos rítmicos, como balançar em uma cadeira de balanço ou rede, têm um efeito calmante no sistema nervoso e ajudam na regulação emocional e sensorial das crianças. Esses movimentos suaves e repetitivos são úteis para crianças que necessitam de estratégias de autorregulação, pois diminuem o estado de alerta e promovem o relaxamento.

Por outro lado, movimentos irregulares e intensos podem aumentar o estado de alerta e levar à desregulação sensorial. É importante não exagerar na quantidade de movimento, pois isso pode sobrecarregar o sistema sensorial da criança.

Para garantir que a estimulação sensorial seja eficaz e segura, é crucial observar atentamente as respostas da criança durante a atividade. Sinais como alterações na respiração, fadiga repentina, palidez, agitação excessiva ou outras mudanças comportamentais podem indicar que o estímulo está sendo demais. Esses sinais são importantes indicadores de que a atividade precisa ser ajustada ou interrompida.

Ilustração: Isis Vieira Barbosa.

Sua criança fica incomodada com o toque?

Forçar uma criança com sensibilidade tátil a tocar em algo que ela não quer pode ser prejudicial ao seu desenvolvimento emocional e sensorial. Crianças com hipersensibilidade tátil, frequentemente associada a transtornos de processamento sensorial, podem reagir intensamente a certos tipos de texturas, temperaturas ou materiais.

Quando uma criança é forçada a tocar algo que provoca desconforto, ela pode desenvolver uma aversão que leva ao evitamento da atividade e pode generalizar esse medo a pessoas, lugares ou objetos associados à experiência desagradável. Isso pode resultar em retraimento social, dificuldades em ambientes educacionais e no dia a dia, prejudicando o desenvolvimento de habilidades sociais e motoras.

Ilustração: Isis Vieira Barbosa.

Que tal usar essas estratégias?

Incentive a vestir pouca roupa e brincar ao ar livre para que as oportunidades de toque ocorram naturalmente, mantendo certa variedade nas roupas diárias e oferecendo acessórios e diversidade, ampliando as preferências da criança. A ideia é que o toque e as experiências táteis ocorram de maneira natural e voluntária, sem pressão. O ambiente ao ar livre oferece inúmeras possibilidades de exploração, nas quais a criança pode escolher o que tocar e explorar de acordo com seu próprio nível de conforto.

Ilustração: Isis Vieira Barbosa.

Para crianças com sensibilidade tátil, é fundamental ter cuidado na forma como o toque é aplicado, especialmente durante atividades como o banho e a secagem. Essas crianças geralmente têm maior percepção e reatividade a estímulos táteis, o que pode causar desconforto ou ansiedade. Evite tocar a criança por trás e de forma inesperada, pois isso pode ser sentido como invasivo. Crianças mais sensíveis apreciarão um toque mais firme. Na hora do banho, incentive o uso de buchas e, ao secar, use toalhas macias, apertando-as em vez de esfregar. Permitir que a criança escolha entre texturas oferece controle sobre suas experiências sensoriais.

Ilustração: Isis Vieira Barbosa.

E quando a hora da alimentação é um desafio?

Na hora da alimentação, é importante manter um ambiente calmo e que sua criança sente-se com alinhamento da pélvis em 90° (flexão de quadril) com tronco ereto, cabeça e pescoço em alinhamento vertical, estando com os pés apoiados no chão.

Ilustração: Isis Vieira Barbosa.

No momento da alimentação, introduza aromas, organize visualmente a comida no prato e os utensílios, e permita que a criança escolha qual usar. Brinque de faz de conta, simulando alimentar um boneco ou fazendo comidinhas sensoriais.

Ilustração: Isis Vieira Barbosa.

Brincar com comidinhas sensoriais, como massas coloridas, frutas e legumes cortados em formas divertidas, ajuda a criança a explorar alimentos em um contexto de jogo. Essa atividade cria uma associação positiva com novos alimentos, promovendo a tolerância sensorial e aumentando a aceitação de diferentes sabores e texturas.

Ilustração: Isis Vieira Barbosa.

Nessas brincadeiras, as crianças podem fingir preparar refeições, experimentar diferentes texturas e até nomear pratos criativos. Isso ajuda a reduzir a pressão durante a alimentação real sem a necessidade imediata de consumir os alimentos.

Que tal brincar de...

Incentive a criança a pintar com gelatina, creme de leite e outras texturas, promovendo a exploração sensorial. Ao permitir que ela manipule consistências e misture cores, você estimula habilidades motoras finas e coordenação bilateral, além de incentivar a criatividade. Use corantes naturais, adapte os materiais ao nível de conforto sensorial da criança e incentive gradualmente o toque.

Ilustração: Isis Vieira Barbosa.

Obs.: é importante não forçar a criança a manusear, se não for confortável para ela, e permitir o uso de utensílios.

Use cereais com formatos, sabores, texturas e cheiros diferentes incentivando que a criança explore. Permita que ela diferencie consistência, cheiros, sabores, temperatura e abuse da criatividade.

Ilustração: Isis Vieira Barbosa.

E se sua criança coloca muitos objetos na boca?

Ofereça sabores cítricos, como limão, iogurte, picles, mostarda, sal, batatas fritas, azeitonas etc.

Você pode expor a criança a uma variedade de sabores: anis, hortelã etc.

Compre cremes dentais diferentes e experimente-os com ela.

Ofereça alimentos com texturas, temperaturas e formatos diversos.

Ilustração: Isis Vieira Barbosa.

Na hora da autonomia:

Dê oportunidades para que seu filho escolha a roupa que quer usar e incentive-o a vestir. Permita que ele tente colocar sozinho. Se necessário, ofereça ajuda verbal, gestual e física. Nunca faça **por** ele e sim **com** ele.

Ilustração: Isis Vieira Barbosa.

Orientações sensoriais para estimulação auditiva

A estimulação auditiva é essencial para o desenvolvimento de crianças com autismo e outros transtornos, pois melhora a percepção sensorial, a linguagem e a comunicação. Muitas crianças no espectro apresentam dificuldades no processamento auditivo, como hipersensibilidade a certos sons ou em diferenciar estímulos auditivos.

Que tal usar estas estratégias?

Cumprimente sempre seu filho, cante canções simples de que ele goste e ouça diferentes tipos de música. Ande de bicicleta com ele e coloque um sino ou buzina ao alcance para que possa tocar.

Ilustração: Isis Vieira Barbosa.

Emita sons com um balão no corpo ou rosto da criança. Use o rolo de papel higiênico como alto-falante. Imite vocalizações dele, dando sentido ao que emite. Utilize instrumentos musicais como flauta, teclado e tambor.

Ilustração: Isis Vieira Barbosa.

O que fazer no ambiente escolar?

Incorporar atividades sensoriais à rotina escolar é uma estratégia eficaz para complementar as atividades acadêmicas e atender às necessidades sensoriais dos alunos, especialmente aqueles com transtornos de neurodesenvolvimento, sem interferir no programa pedagógico. As estratégias a seguir ajudam a criar um ambiente mais inclusivo e responsivo:

1. Utilizar sinais visuais ou auditivos para marcar o início, a transição ou o fim de tarefas.
2. Organizar as carteiras conforme a necessidade, mantendo rotas livres para circulação.
3. Oferecer instruções claras e curtas.
4. Usar toques com pressão profunda no ombro para chamar a atenção de forma calma.
5. Após atividades físicas intensas, promover movimentos como marchar ou alongar para regular o sistema sensorial.
6. Oferecer assentos texturizados para ajudar na autorregulação e no foco.
7. Autorizar saídas programadas da sala para ajudar na autorregulação.
8. Usar cores contrastantes para destacar informações e facilitar a organização visual.
9. Usar mantas de colo ou discos de flexão para melhorar a postura e o foco.

Que tal brincar de:

Acerte o alvo com reconhecimento e letras e coloque as letras no fundo de um copo. Faça "argolas" usando prato de papel descartável, e peça para a criança acertar o copo que tem a letra que você falar.

Ilustração: Isis Vieira Barbosa.

E para relaxar:

Que tal fazer essa atividade de relaxamento após o banho?

Use creme hidratante e almofadas. Posicione a criança deitada na almofada e cante uma música enquanto faz uma massagem. Essa atividade relaxa e promove a consciência corporal, associando o toque à nomeação das partes do corpo. A criança sente diferentes pressões, criando vínculo e ajudando na regulação emocional. Alternar os lados do corpo reforça a integração bilateral e promove a autorregulação.

Ilustração: Isis Vieira Barbosa.

Use colchonetes, almofadões ou cobertores para enrolar a criança como um rocambole, ajudando na autorregulação. Cante enquanto dá pequenos apertos no corpo dela. Também é possível enrolar a criança no colchonete e deixá-la rolar pelo chão com ele.

Ilustração: Isis Vieira Barbosa.

Um abraço firme e apertado, incentivando a criança, é estratégia de autorregulação, desde que a criança esteja confortável. Outra estratégia é brincar de "amassa pão": deite a criança sobre um tapete ou colchonete e role uma bola, fazendo pressão profunda sobre seu corpo.

Ilustração: Isis Vieira Barbosa.

A aplicação de **estratégias sensoriais para crianças com desenvolvimento atípico e sinais de transtorno de processamento sensorial** é fundamental não apenas para o bem-estar e o desenvolvimento das crianças, mas também para a reprogramação parental.

Essa reprogramação envolve uma mudança de perspectiva: em vez de verem certos comportamentos como "birra" ou "oposição", os pais passam a entender que muitas reações estão relacionadas com dificuldades de processamento sensorial.

A adoção de estratégias sensoriais exige dos pais paciência, flexibilidade e um olhar atento para os sinais não verbais da criança, promovendo uma relação mais empática e colaborativa. Ao se engajarem nesse processo, os pais também desenvolvem maior habilidade para identificar o que funciona melhor para cada situação.

Portanto, a importância das estratégias sensoriais vai além da intervenção com a criança; ela é transformadora para toda a dinâmica familiar.

Ilustração: Isis Vieira Barbosa.